# Janes Seelenreise

## Eine Geschichte vom Mensch-Werden

Jane J. Riley

**Starks-Sture** Verlag
Bücher die das Leben schreibt

978-3-939586-21-0

1. Auflage

Anna Starks-Sture
Sonnenstraße 12, D-80331 München
www.starks-sture-verlag.de

Bilder: Jane J. Riley
Umschlaggestaltung: Nadja Belg
Lektorat: Christine Stahl
Druck: Korrekt Druckerei GmbH, Budapest

*Trisha schloss die Augen.*
*Unter ihren mit Schlamm bedeckten Lidern quollen*
*Tränen hervor und liefen ihre ebenso schlammigen Wangen hinunter.*
*Ihre Mundwinkel zuckten heftig. Sie wünschte sich für kurze Zeit,*
*sie wäre lieber tot - lieber tot sein, als solche Angst erleiden müssen,*
*lieber tot als im Wald verirrt sein.*

The girl who loved Tom Gordon, Stephen King

***Monet***

*Ich bin wie ein Monet.*
*Ihr dürft mich nur von Weitem betrachten, tretet ihr näher heran, so seht ihr nur Millionen von kleinen Punkten, Details, die kein Ganzes ergeben und euch nur Vermutungen erlauben, was tatsächlich auf dem Bild zu sehen ist.*
*Werde ich von Licht angestrahlt, so verschwimme ich und verwandle mich in fahle,*
*tote Blässe ... ausdruckslos werde ich Eins mit der Wand, an der ich hänge und verschwinde fast.*

*Betrachtet ihr mich aber im Dunkel der Nacht und ist es der Mond, dessen Licht schwach und sanft auf mein Bild fällt, so beginne ich zu leben. Ich werde dich ansehen und du wirst erkennen, was auch immer du dir in deinem tiefsten Inneren ersehnst.*
*Das große Ganze, ein vollkommenes Bild.*
*Wäre auch ein See darauf, so würdest du glauben bis auf den Grund dessen blicken zu können.*
*Wäre ein Baum darauf zu sehen, so würdest du seinen harzigen Stamm beinahe riechen können.*

*Aber versuche nicht, deine Hände nach mir auszustrecken um mich zu berühren.*
*Was du fühlen würdest, wäre nur die glatte Leinwand, auf die ich gemalt wurde.*
*Dies würde dir mit Sicherheit große Angst machen ... wie gut, dass du nicht weißt, dass du mich auch genauso leicht zerreißen könntest, wie den Stoff der Leinwand, auf die ich gemalt wurde ...*

# Das ist Jane

Ich sammle alte Porzellantassen mit komischen Katzen darauf. Nicht, weil ich sie schön finde, sondern weil es mich *fasziniert*, dass Menschen scheinbar auf so etwas stehen.
Beim Autofahren höre ich immer unsagbar laut Musik und hasse es, wenn ich Mitfahrer habe, die dazwischen quatschen.
Ich suche immer nach dem nächsten Abenteuer, dem nächsten Kick. Ich langweile mich schnell.
Ich habe einen Baumfetisch. Ich fotografiere, zeichne, male sie und ihre einzigartigen Charaktere.
Ich bin mal *hier*, mal *da* und wechsle meine Kontakte wie andere Leute ihre Unterwäsche.
Ich bin immer alleine.
In der Gegenwart von Tieren fühle ich mich deutlich wohler als in der von Menschen.
Ich bin kindisch, hypersensibel und viel zu verspielt, als dass ich andere Menschen wirklich ernst nehmen könnte.
Ich kann mich unterordnen, aber es macht mich mehr als unglücklich.
Ich bin tolerant, aber wer keine Lust zeigt, mir zu folgen, der wird zurückgelassen.
Man muss jederzeit damit rechnen, dass ich von einem Tag auf den anderen ohne scheinbar ersichtlichen Grund verschwinde.
Wenn ich etwas sage, dann niemals ohne Grund oder Hintergedanken. In dem Moment meine ich es auch so. Ich möchte aber später nicht darauf festgenagelt werden.
Ich habe im Alter von drei Jahren versucht, mir selbst das Lesen und Schreiben beizubringen.
Niemand konnte meine ersten Schreibversuche entziffern. Ich schon.
Ich war ein anstrengendes Kind, habe wenig geschlafen und wollte alles entdecken. Sofort. Man hat versucht mich dazu zu bringen, zu krabbeln, aber ich wollte lieber gleich laufen.
Ich war erst ein paar Monate alt und da ich dazu neigte, rückwärts umzufallen, legte man mir ein rosafarbenes Geschirr an.
Ich habe mir den Pfotenabdruck meines Hundes Lucky oberhalb des linken Hüftknochens tätowieren lassen. Wir sind zusammen groß geworden, erwachsen geworden. Er ist ein echter Charakterhund und sibirischer Husky. Ich bekam ihn im Alter von acht Wochen, ich selbst war zu diesem Zeitpunkt elf Jahre alt. Wir waren beide frische Seelen auf dieser uns neuen Welt.
Überhaupt kann ich von mir selbst sagen, dass die diversen Tiere, die ich immer wieder während meiner Kindheit angeschleppt habe, die ersten waren, die mich einen

verantwortungsvollen, respektvollen Umgangs mit anderen Wesen lehrten.
Weil sie mir, anders als all die Menschen um mich herum, klare Signale und Botschaften sendeten und es somit einfacher war, darauf zu reagieren.
Zwischenmenschliche Beziehungen sind mir generell ein Rätsel und irgendwie suspekt. Dennoch sind sie meine Leidenschaft. Beziehungsweise deren Analyse.
Ich habe ein weiteres Tattoo an meinem linken Unterarm.
Ein Schriftzug, auf dem *Return* zu lesen ist. Es soll mich daran erinnern, dass meine Zeit auf der Erde nichts ist, ein Katzensprung, im Vergleich zur Unendlichkeit.
Damit ich nie vergesse, wo ich herkomme.
Und wohin ich irgendwann zurückkehren werde.
Warum ich mir alles Wichtige tätowieren ließ und nach wie vor lasse?
Ganz einfach, weil Schmerzen dafür sorgen, dass man Dinge nicht mehr so einfach vergisst.
Damit sie im wahrsten Sinne des Wortes unter die Haut gehen. Und bleiben.
Ich möchte alles unter der Sonne steuern können.
Sobald ich lesen konnte, verschlang ich ein Buch nach dem anderen. Aber am meisten interessierten und faszinierten mich das Universum und die Entwicklung und Entstehung der Menschheit. Ich finde, ich kann diese Entwicklung recht objektiv und somit wahrhaftiger als ihr betrachten, weil ich mich, seit ich denken kann, wie ein *Alien* fühle.
Weil ich vielleicht einer bin.
Und nicht wie ihr schon hunderte Leben auf diesem Planeten gelebt habe.
Nun gut, einmal besuchte ich ihn als Urzeitfisch vor etwa 90 000 000 Jahren. Es war dunkel, ich hatte kein Gefühl für Zeit und Raum und es war relativ emotionslos. Aber irgendwie richtig. Ganz und gar nicht mit der Erfahrung Mensch zu vergleichen.
Ich habe zugesehen, wie diese Welt entstand, ich habe zugesehen wie sich die ersten Wesen auf ihr niederließen, wie sie sich anpassten und entwickelten und dann wieder verschwanden. Ich habe euch zugesehen, von oben, wenn man so will.
Bis ich dann selbst bereit war und meine Zeit gekommen war, um hinabzusteigen.
Ich dachte, ich wäre gut vorbereitet auf die Erfahrung Mensch, ich hatte euch ja schließlich wachsen sehen, hatte anderen zugesehen wie sie hinabstiegen und als noch schönere, reifere Wesen wieder zurückkehrten.
Ich hatte alles beobachtet, die Ausdrücke auf euren Gesichtern, wenn ihr zornig wart, enttäuscht, fröhlich, zufrieden, aufgeregt und noch viel interessanter: voller Liebe und Empathie oder zutiefst verzweifelt und von tiefer Trauer erfüllt. Und ich wollte es verstehen. Es selbst erleben.

Sie, die ein Teil meines ursprünglichen Zuhauses sind, hatten mich vorgewarnt, mir die Entwicklungsphasen eines jeden Menschenlebens genauestens gezeigt, erklärt wie

es sein würde und das vielleicht Entscheidendste: Dass ich vergessen würde, wer ich wirklich war, woher ich wirklich komme.
Ich musste. So wie jedes andere Wesen, welches auf die Erde hinabsteigt.

*„Du bist nun für diese begrenzte Zeitspanne dein eigenes Ego, nur so können wir dich hinabschicken. Du wirst von uns getrennt sein. Nie ganz, dein tiefstes Unterbewusstsein wird immer mit uns verbunden sein. Aber du wirst anders fühlen, die Welt anders wahrnehmen. Du wirst anders sein. Du wirst dein eigenes Ich haben.*
*Dein eigener Gott sein, wenn du so willst.“*

Sagten sie und ich fand: Welch großartige und tolle Erfahrung es doch werden würde.

Von der dreckigen Realität hatte ich keine Ahnung. Schon die Ankunft war erschreckend, denn ich wusste noch nicht, wie eine Geburt in eine körperliche Welt wirklich sein würde, wie es sich anfühlen würde. Die schleimige und äußerst traumatisierende Ablösung von einem größeren Ganzen, in diesem Fall meiner menschlichen Mutter, hatte ich kurz zuvor schon erlebt, als mein Geist auf die Erde hinabgeworfen wurde, von meinem Urzuhause und wahren Ich getrennt, um in einem anderen Gefäß aufgenommen zu werden: Meine eben genannte Menschen-Mutter. Aber dann sollte ich auch dieses Gefäß verlassen und von nun an mein eigenes Wesen werden. Schön und gut.

Alles was ich von nun an war und sein würde, waren mein begrenzter menschlicher Verstand und mein menschliches Bewusstsein. Ich war nur noch meine neue Wahrnehmung, welche im Endeffekt von etwas unfassbar Seltsamem und Unkontrollierbarem, Gefühlen nämlich, bestimmt sein würde. Gefühle als Ursache, Gefühle als Folgen, Gefühle als ausschlaggebender Leitfaden in allen Bereichen meines neuen Lebens.
Und diese Gefühle, diese Bausteine, würden zu 80 Prozent von Dingen beeinflusst, die ich nicht selbst in der Hand hatte. Äußere Umstände. Dinge die von Außen kommen würden. Ereignisse, die ich nicht kontrollieren können würde. Vorgefertigte Weltanschauungen etwa, die anderen Menschen, die mich umgeben würden und deren persönliche Erfahrungen und Handlungen, das Land, die Kultur, in die ich hineingeboren werden würde.
Das einzige, was euch Menschen neben den physischen Elementen dieser Welt auf eben jener hält und es ihr und euch möglich macht als eigenständiges, lebendes Wesen zu existieren, ist das geistige Äquivalent dazu: Gefühle.
Zuvor war ich eins mit allem, es war ein großes neutrales Gefühl, wenn man es so ausdrücken möchte und nun würde ich mehrere, gröbere, niedere Gefühle sein. Al-

lein. Mit mir selbst. Wo ich mich doch noch gar nicht kannte und noch gar nichts und niemand war!
Später würden dann auch persönliche Erfahrungen hinzukommen, mein Umfeld, meine Familie, zufällige Ereignisse und auch vorbestimmte, welchen ich früher oder später über den Weg laufen würde.
Was ich dann mit letzteren Ereignissen anfangen würde, bliebe ausschließlich mir überlassen. Und das bringt mich zum letzten Punkt: Meinem Willen. Der wahrscheinlich stärkste und wichtigste Faktor in dem Prozess der Kreation meiner neuen Persönlichkeit. Ohne ihn geht gar nichts und mit ihm muss man aufpassen, dass man nicht die falschen Dinge will. Und sie dann am Ende wohl noch bekommt. Eigenverantwortung, die ein eigener Wille so mit sich bringt.
Mein Wille, der alle anderen Einflüsse, welche zur Prägung meiner neuen Persönlichkeit wichtig sind, in den Schatten stellen könnte, sollte zu meinem stärksten Werkzeug werden.
Und ich würde erstmal überhaupt nicht damit umgehen können.

Doch ich war so unendlich gespannt, einer von euch zu werden, alle ganz oben genannten (Gefühls-)Erfahrungen zu machen und glaubte tatsächlich, ich würde auch die weniger guten irgendwie genießen.
Fast wie Kinder, die Räuber und Gendarm spielen, einmal der Gute, einmal der Böse sein, einmal Prinzessin, einmal Bettler und alles andere dazwischen. Im Endeffekt war ja alles in Ordnung, es war ja nur ein Spiel. Nicht wahr?
Mir war weder klar, dass ich mein wahres, sich richtig anfühlendes Selbst komplett verlieren würde und dass dies eine der schlimmsten aber auch interessantesten Erfahrungen meines bisherigen Daseins sein würde, noch war mir bewusst, wie lange sich ein Menschenleben von hier unten aus, vor Ort sozusagen, wirklich anfühlen würde und dass ich irgendwann einmal vor der gesamten Menschheit meinen Hut ziehen würde (den ich als rein geistiges Wesen natürlich nicht hatte):
Was ihr durchmacht, jeden Tag, jede Sekunde davon, ist mit keinen Worten dieser Welt zu beschreiben und ihr solltet unbedingt einen Moment innehalten und auf euch selbst stolz sein – egal wer ihr seid oder was ihr schon (schlimmes) getan habt. Einfach nur fürs *Aushalten.*
Für mich verhielt es sich so:
Alles würde im Endeffekt gut werden, die Erfahrung Mensch ist ja Gott sei Dank zeitlich begrenzt. Egal was passiert, sterben müssen wir alle. Aus der körperlichen Hülle heraus müssen wir alle irgendwann wieder. „Augen zu und durch", so würde es sein. Und dann würde sich am Ende der ganze Spuk sowieso in Schall und Rauch auflösen. Egal was passieren wird. Und ich werde zurückkehren und gewachsen sein. Genau wie all die anderen. Mit vielen tollen Geschichten aus der Menschenwelt im Gepäck.

# Janes Gefühlswelt als unvollständiger Mensch

***Gedankenfetzen – wiedergefunden in Müllsäcken , die sich auf dem Dachboden des Hauses der Familie Riley befanden.***

Lerne, dass du dich niemandem anvertrauen sollst und akzeptiere, dass du es auch nicht kannst und es alles nur noch schlimmer machen würde.
Sei ein einziger Widerspruch.
Lebe in dem völligen Wahn und Wunsch nach Perfektion. Von Zeit zu Zeit wird dir bewusst werden, dass dies nicht möglich ist. Du wirst trotzdem nicht damit aufhören.
Versuche andauernd, dich selbst zu verändern, um letztendlich immer wieder bei deinem gestörten Ich anzukommen.
Wechsle dein Umfeld und deine Kontakte so oft es geht und laufe weg, sobald jemand dir zu nahe kommt.
Sei nach Außen immer unberechenbar. Nur du selbst durchschaust, dass du eigentlich nur versuchst deine Schwächen zu verstecken.
Stelle alles und jeden in Frage und rechtfertige dich für alles und jeden, damit du nicht andauernd missverstanden wirst.
Sei permanent antriebslos und gelangweilt, sei lebensmüde.
Rede am besten niemals mit anderen über tiefere Dinge als ein „Guten Morgen, wie geht's?“, um dich nicht ertappt fühlen zu müssen.
Schreie im selben Moment die Menschen um dich herum an, sie mögen dir irgendwie helfen, weil du einfach nicht klarkommst. Schäme dich für diesen Gedanken und bestrafe dich anschließend dafür.
Öffne dich niemals mehr einem Menschen, denn er könnte dich für verrückt halten.
Erfinde für dich eigentlich banal erscheinende menschliche Probleme oder Gefühle, um nicht aufzufallen.
Drehe dich im Kreis.
Verletze dich selbst.
Verletze andere.
Gib dich selbst auf und lebe, vorausgesetzt du hast noch eine Familie, nur noch zum Schein für diese.
Frage dich immer fortwährend, was die Menschen um dich herum von dir denken und ob sie deine Fehler bemerken.
Versuche dich mit roher Gewalt anzupassen, einzugliedern. Scheitere immer und immer wieder.
Isoliere dich.
Versuche dich gefühlskalt zu machen, betäube dich mit Substanzen, die eigentlich

alles nur noch schlimmer machen. Aber irgendwie musst du ja weiter funktionieren.
Ekle dich vor dir selbst und deinem Umfeld.
Vegetiere vor dich hin und wünsche dir, nur noch schlafen zu dürfen.
Tue alles in deiner Macht und darüber hinaus stehende, um zu verheimlichen, wer du wirklich bist.
Verabscheue nicht nur deinen Geist, sondern vor allem deinen Körper.
Weil er dich zwingt, hier zu sein.
Zerstöre dich mit Hingabe selbst, um hinterher geschockt in deinem eigenen Blut liegend zu realisieren, was du da eigentlich angestellt hast.
Überlege dir stundenlang, ob es sich überhaupt lohnt, sich im Bett umzudrehen.
Erkenne dich selbst und andere nicht mehr.
Sei eine Gefangene deines Kopfes.
Betrachte die Welt um dich herum wie durch ein kleines Fenster, sieh zu, wie die Menschen und Geschehnisse an dir vorbeiziehen. Du bist unfähig, daran teilzuhaben.
Verzweifle fast daran, dass du, selbst wenn du wolltest, nicht dazu gehören würdest. Niemals.
Tauche unter und bleibe am Grund des schwarzen Sees. Aber ertrinke nicht einfach, sondern ersticke langsam an der Dunkelheit.
Suche nach dir selbst und finde dich nicht.

# Janes unendliche Geschichte?

***Dies ist Janes Kalender.*** Zu allererst möchte ich eines klar stellen, für mich selbst. Für Zukunfts-Jane. Nur für den Fall dass du diesen Kalender später irgendwann nochmals zur Hand nehmen solltest: Dies ist kein Tagebuch! Das würde viel zu sehr nach zwölfjährigen, pferdevernarrten Mädchen klingen. Und ich bin alles andere als das. Ich bin nicht rosa. Ich bin weiß. Oder aber schwarz. Und nicht viel dazwischen. Er dient nur dazu, mir eine Aufgabe zu geben, eine Beschäftigung, damit meine Hände etwas anderes zu tun haben als mich mit nutzloser Nahrung vollzustopfen und um mir selbst zu beweisen, dass ich etwas, das ich mir vorgenommen habe, zu Ende bringen kann. Dass ich es durchziehe. Bis zum Ende. Wenn es auch nur das tägliche Beschmieren von schon vorgedruckten Seiten ist, welche genau genommen gar nicht überschmiert werden sollten.
Und keine einzige Seite davon wird herausgerissen!

*Untersteh dich, auch nur eine einzige Seite herauszureißen, Jane!*

Tristan schreibt: „Wir könnten in ein Teehaus in München gehen, wenn du möchtest ... fänd' ich cool, ein Jahr nachdem wir uns das letzte Mal gesehen haben." Und ich überlege: Ein Jahr ... ist das lange? Genug Zeit, um sich zu ändern? Es kommt mir gar nicht so lange vor. Ich frage mich, ob es irgendwie interessant für mich sein könnte, ihn wieder zu sehen.

*Nicht wirklich*, denke ich. Weil er mir egal ist. Er war nur ein Ersatz, eine kurzweilige Befriedigung gegen die anhaltende Langeweile. Und ich wusste die ganze Zeit über, dass es so war. Aber die Zeit vor einem Jahr war noch schlimmer als die momentane, und ich benutzte ihn so lange als Projektionsfläche für meine Wünsche, wie er es mit seinem Verhalten zuließ. Aber er wollte mehr und seine penetrante Art ging mir irgendwann nur noch auf die Nerven, also beendete ich unseren Kontakt.

Ich weiß nicht, wie viel davon ich selbst durch mein Verhalten provoziert hatte, aber es ist doch die Aufgabe eines jeden, Verantwortung für sein Verhalten zu übernehmen, dafür zu sorgen, dass man andere nicht mutwillig verletzt. Er hat sich offensichtlich ab und zu selbst nicht im Griff.

Ich überlege und weiß noch nicht einmal, ob ich ihm überhaupt zurückschreiben soll, denke über klare Statements nach. Ich sollte mir *Brian* aus *Family Guy* auf den Arm tätowieren lassen. Ich mag ihn. Ich finde, er ist ein bisschen so wie ich. Besser gesagt, ich finde, ich bin ein bisschen so wie er.

Mittlerweile blinkt der Balken weiter unten an meinem Laptop nervtötend orange. Sogar wenn er nicht physisch anwesend ist, nervt er.

Ich denke eine Weile über epileptische Anfälle nach, welche permanent blinkende Lichter verursachen können. „Du darfst aber auch gerne etwas anderes vorschlagen, ich würde mich nur einfach wahnsinnig freuen, dich wiederzusehen."

Daneben sind noch ein paar weitere Fenster geöffnet, unter anderem schreibe ich mit Michael, der mir seit Monaten täglich simst. Dabei hat er, glaube ich, nur ein einziges Mal eine SMS zurückbekommen.

Ich bereue es, dass er meine neue Handynummer hat. Und glaube, dass er mich benutzt. So wie ich Tristan benutzt habe. Als Projektionsfläche. Nur lassen sich seine Träumereien und Illusionen anscheinend nicht so leicht zerschlagen wie die meinen. Ich fürchte sogar, es ist unmöglich. Vor 200 Jahren hätte man ihn vom Wesen her möglicherweise als „einfach zufrieden zu stellenden Bauern" beschrieben. Aber Einfachheit ist schließlich überall zu finden, wo man mit unruhigen, blinden Augen sucht.

Ich will ihn eigentlich nicht verurteilen, irgendwann wird er schon eine finden, mit der er, so wie er ist, glücklich werden kann. Aber *ich* bin doch nicht diejenige.

Er muss meine Ablehnung gegenüber ihm doch deutlich spüren, warum also hört er nicht auf?

Er klammert sich an den letzten Rest Höflichkeit, die ich ihm zukommen lasse. Ich glaube, ich muss wirklich einmal unhöflich werden, damit er mich in Ruhe lässt. Es gibt viele solcher Typen. Sie kommen und gehen. Bleiben tun sie nie. Dafür arbeite ich zu sorgfältig.
Es ist so oder so wieder an der Zeit, zumindest meine Festnetznummer zu ändern. Tristan hat es sich nämlich zu einer Art Sport gemacht, bei uns zu Hause anzurufen. Solange, bis mein Vater einmal die Rückruftaste betätigte (der Idiot hob auch noch ab). Die manchmal sehr bedrohlich wirkende Stimme meines Vaters war *diesmal* von Nutzen und kam mir sehr gelegen.
Es ist immer wieder dasselbe Theater, mit demselben Ende und demselben langweiligen Drehbuch. Nur die Darsteller ändern sich, aber auch nur rein optisch.
Ich meine, ich bin kein Unmensch. Für Freunde bin ich gerne da, zu jeder Tages- und Nachtzeit. Aber diese Typen wollen keine Freundschaft ... So etwas *reicht* ihnen nicht.

### *25.12.2010, 16.00 Uhr, Musik in meinem Kopf*

Vor ein paar Tagen habe ich festgestellt, dass es tatsächlich Schneeflocken gibt, die wie kleine, perfekte, glitzernde Sterne aussehen.
Sie wollten sich allerdings nicht fotografieren lassen.

Meine Mutter hängt gerade ein Bild von mir in unserem Flur auf.
Ich frage sie, was sie da tut.
Sie meint, es würde ein wenig Farbe reinbringen, es wäre nicht so düster wie meine anderen Bilder. Ich malte es gestern, nach dem Weihnachtsessen. Die anderen saßen noch am Tisch und ich probierte meine neuen Pinsel aus, die mir meine Schwester mit den Worten „Damit du nicht aufhörst, zu malen", schenkte.
Ich fand das Geschenk sehr aufmerksam von ihr und dachte, dass wir uns viel besser verstehen, seit wir beide aus dem Gröbsten raus sind, dem ganzen Pubertätswirrwarr. Es gibt so vieles, das sie verpasst hatte, so vieles, von dem sie *keine Ahnung* hat.
Ich wünsche ihr, dass sie nie erfährt, was bei uns los war und ist. Gleichzeitig macht es mich wütend, zu sehen wie sich meine Mutter anstrengt, um eine perfekte Show vor ihr hinzulegen und ich frage mich wirklich, warum ich ihr nicht auch die Mühe wert bin.
*Vielleicht, weil wir uns täglich über den Weg laufen, überlege ich.* Man kann auf Dauer ja doch nicht verstecken, wer man wirklich ist. Aber ich habe ja mittlerweile gelernt, dass Menschen nicht nur *so* sind, sondern vieles sein können. Ja klar ... das sind dann keine Facetten mehr, sondern diverse Gesichter, die sich - wenn man Glück hat - zu einem Gesamtwerk vereinen lassen.

Wenn wir schon von Menschen reden, die mich umgeben:
In meiner Familie gibt es genau zwei Personen, die hypersensibel auf die ständige Disharmonie reagieren.
Mich und meinen Hund Lucky.
Mein Vater hat gerade eine CD aufgelegt, die schwer nach 70er Jahre Diskomusik klingt. Natürlich in ohrenbetäubender Lautstärke, sodass es mir fast peinlich ist, das Fenster offen zu lassen. Aber es muss offen bleiben, denn mein Schlafzimmer gleicht einer Räucherkammer und davon bekomme ich Kopfschmerzen.

*... Dann hör auf, so viel zu kiffen.*

Ich könnte auch einfach rausgehen, überlege ich.
Lieber nicht, meinen Eltern scheint heute langweilig zu sein und sie würden meinen Versuch, positive Vibrations zu versenden, sofort zunichte machen.
Zur gruseligen Diskomusik kommt nun auch noch das Mitleid erregende Gewinsel meines Hundes hinzu, der oben auf der Treppe steht, nach unten möchte, sich aber nicht traut, da er schon mehrmals auf dem polierten Stein ausgerutscht ist.
*Wieso gehst du dann überhaupt immer wieder nach oben, dummer Hund ...* denke ich und ziehe mir die Bettdecke über den Kopf.
Mittlerweile ist mein Vater zu Green Day übergegangen, was zwar nicht schlechter, aber auch nicht unbedingt besser ist. Und ich denke, das eben war Mozart, nein Beethovens Fünfte.
Ich liebe Musik, über alles sogar. Aber ich bin doch eher der Ipod-Typ, ich höre meine Musik lieber still für mich. Außerhalb meines Kopfes, meines geschlossenen Raumes, das alltägliche Treiben und in meinem Kopf Musik. Musik, die es schafft meine Gedanken zu leiten – laut, lauter, am lautesten. Mein eigener Soundtrack sozusagen.

Ich frage mich, welcher Tag heute ist. Sonntag, richtig. Dann war Freitag Weihnachten und Samstagvormittag saß ich mit meiner Schwester und Diego vor dem Fernseher. Ich hatte mich durchgesetzt und wir schauten *Die unendliche Geschichte.*
Es ist mir ein Rätsel, weshalb ich früher oder später bei solchen Filmen immer zu heulen anfange. Dabei müssen es nicht einmal vermeintlich traurige Szenen sein, die mir die Tränen in die Augen treiben. Im Gegenteil. Es ist mir unendlich peinlich. Und wie gesagt ein Rätsel. Während andere heulen, wenn Bambis Mutter stirbt, fange ich an zu weinen, wenn Bambi mit seiner Mutter durch den Wald läuft und noch alles friedlich ist. Was nicht heißen soll, dass ich nicht auch heulen würde, *wenn* sie dann stirbt. Das sind zumindest die einzigen Momente, in denen ich wirklich weinen kann. Vorausgesetzt, ich bin alleine.

Ansonsten könnte die ganze Welt vor meinen Augen zerbrechen und ich wäre nicht in der Lage, auch nur mit der Wimper zu zucken.

## ***Ein Zelt auf einem Schiff im Meer bei Nacht***

*Ein Zelt auf einem Schiff*
*Im Meer bei Nacht*
*Sehe ich, sobald mein schlafender Geist erwacht*

*Doch dann verändert sich das Bild*
*Das Meer wurd´ zu einem Wald,*
*von einem grün so mild*
*Zart ranken sich ew'ge Sträucher nach oben*
*Hast du das alles für mich erlogen?*

*Oder ist dies ein Werk von mir erschaffen ...*
*Ich blicke durch das neblig, grünlich schimmernde Licht*
*Kann nichts dahinter fassen*

*Ich verlasse diesen Ort, wohl wissend ich kehre wieder*
*Es wartet noch etwas anderes auf mich und*
*Vor einem Haus auf einem Stein lasse ich mich nieder*

## 26.12.2010, 13.00 Uhr, Nebel

Ich unterscheide grundsätzlich zwischen Wachsein und Schlafen. Und das einmal auf physischer und einmal auf psychischer Ebene.
Physisches Schlafen ist schön. Und die Orte, die ich dann besuchen kann, ebenso. Auch, wenn sie für Außenstehende wahrscheinlich nicht so scheinen würden. Physisches Wachsein ist kalt. Oder heiß. Aber nie angenehm.
Psychisches Schlafen ist manchmal beängstigend, manchmal tröstend. Aber im Moment des Zustandes an sich erträglich.
Psychisches Wachsein ist erlösend, befreiend.
Ich habe selten Momente, in denen ich wirklich psychisch, geistig wach bin. Es ist, als betrachte man die Welt durch einen Nebel. Vielleicht stimmt ja etwas mit meinen Augen nicht.

## 26.12.2010, 22.00 Uhr, Meine Sterne

Meine Träume handeln oft vom Wasser. Meist ist es tief, dunkel, faszinierend, beängstigend.
Ich bin draußen, an Seen, am Meer, in Höhlen ... ich bin drinnen, in kalten, sterilen, weiß gefliesten Räumen mit Becken, die so tief und dunkel sind, dass sich nur erahnen lässt, *wie weit* sie tatsächlich in die Tiefe reichen. Meistens habe ich Angst, aber manchmal beherrsche ich das Wasser auch.

Ich weiß, dass es zu jedem der vier Elemente – den Bausteinen der Erde – auch ein geistiges Äquivalent gibt, Demnach sind Gefühle das geistige Äquivalent zu Wasser, demnach steht Wasser für Gefühle. Woher ich das weiß? Ich weiß es einfach. Ich wusste es nicht immer, das langsame und stetige Zurückerlangen von wichtigen Informationen begann vor etwa zwei Jahren. Als zum ersten Mal etwas in meinem Kopf brach, wie ein Damm. Als ich mich, einem inneren Gefühl vertrauend, in die Stille und Dunkelheit meines kleinen Zimmers zurückzog und dort sieben Tage in völliger Isolation verbrachte. Ich wollte sehen können, ohne meine Augen zu öffnen, ich wollte hören, ohne meine Ohren zu benutzen. Ich wollte meine eigene, innere Stimme hören. Und ich hörte sie. Leise, dennoch eindringlich. Und ich sah. Klarer als ich es je mit meinen Augen vermochte. Seitdem sickern immer mehr Informationen durch, Informationen die ich so dringend brauche. Aber das letzte, große Stück fehlt immer noch.

Manche Traumszenen, die besonderen, fallen mir von Zeit zu Zeit wieder ein. Diese sind zu fantastisch, als dass sie wahr sein könnten ...
Dann träume ich aber auch von wahren Dingen, meinen feststehenden Wurzeln, die längst vergessen geglaubt waren, zu denen ich aber vor etwa zwei Jahren wieder zurück fand.

Ich habe vier Erinnerungen und sie sind das mit Abstand Schönste, das ich habe.
Die erste ist eine Autofahrt bei Nacht, ich befinde mich auf der Rückbank in einer Art Baby-Tragesitz und blicke nach draußen, nach oben, zu den Sternen.
Der Himmel ist ganz klar, ich kann ihn sogar jetzt noch, nach all den Jahren ganz deutlich vor mir sehen.
Diese Erinnerung ist gleichzeitig auch wirklich meine *allererste* Erinnerung in meinem Leben als Mensch.
Die zweite handelt von einem Spaziergang. Meine Eltern hatten mich bei den Händen genommen, ich lief (hopste) zwischen ihnen hin und her und blickte den ganzen Weg über nach oben. Überall lag Schnee und da es Winter war, wurde es schon sehr früh dunkel.
Wohin ich schaute? Zu den Sternen, natürlich.
Ich schätze, ich war so ca. drei Jahre alt.
Die dritte Erinnerung ist ein reines Gefühl, welches mich immer überkam, wenn ich anderen helfen konnte oder aber den anderen Menschen um mich herum eine Freude bereiten konnte. Es erfüllte mich mit Sinn und Glückseligkeit: Ich war nun hier unten und hatte tatsächlich endlich selbst die Macht etwas Schönes und Gutes zu verrichten.
Und die letzte ist eigentlich keine Erinnerung, verdient aber eine eigene Erwähnung. Denn jedes Mal, wenn ich zu den Sternen blickte, überkam mich ein Gefühl, welches sich am besten mit „Zuhause" beschreiben lässt. Ein Gefühl des grenzenlosen Urvertrauens in meine Sterne, über mir.
Manchmal machte mich das Heimweh so unendlich traurig, so traurig, dass ich gar nicht wusste, wohin mit meiner Trauer. Aber ich war jetzt ein Mensch, ich war auf der Erde und irgendwann hatte auch mein Heimweh ein Ende.
Ein Ende, welches den Anfang des Vergessens einleitete. Zuvor war ich ganz, ich war *ich*.
Jetzt war ich nur noch ein Teil von mir. Aber man muss vergessen. Wenn wir nicht vergessen würden, bräuchten wir nicht als Menschen auf die Erde zu kommen. Diesmal werde ich die Karten, die mir ausgeteilt wurden, behalten.
Ich muss.

Seit ich denken kann hatte ich zu keiner Zeit Probleme mit dem Schlafen.
Aber immer mit dem Aufstehen.
Es war einfach an jedem Tag eine unglaubliche Überwindung, kostete so viel Kraft.
Nicht nur mir dürfte es so gehen, das weiß ich.
Aber auch, wenn man es sich vielleicht nicht vorstellen kann, es ist eine Qual, noch immer, jeden Tag.
Ich weiß, woran das liegt.
Zum einen sind es meine Träume, zum anderen meine Urverbindung.
Wenn wir schlafen, ist unser Geist viel freier, viel ursprünglicher als im wachen Zustand.
Wir wandern, wir schweben, wir fliegen, wir erleben so unendlich viele Dinge.
Wir haben die Chance unser Unterbewusstsein zu ergründen.
Vielleicht fällt mir deshalb das Aufstehen immer so schwer.
Selbst dann, wenn ich mich nach dem Aufwachen nicht mehr daran erinnere.

Bei all der Unbeständigkeit in meinem Leben gibt es jedoch eine Sache, die sich nie geändert hat. Ich warte immer noch. Weil etwas fehlt. Es muss einfach Klick machen. Unglaublich, wie lange man auf der Suche sein kann. Eine gefühlte oder tatsächliche Ewigkeit.
Bis man fast vergessen hat, wonach man gesucht hat
Man würde vermuten, man würde irgendwann müde werden – weil Liegenbleiben einfacher ist, als immer wieder aufzustehen. Aber das war nie der Fall. Nicht bei dieser einen Sache.

Ich weiß, dass es nun an der Zeit ist, aufzubauen, mein neues Leben zu gestalten. Eigentlich ist mir das schon seit zwei Jahren klar. Seit ich meine Wurzeln wiederfand. Seit ich mich wieder an jene wichtigen Informationen erinnern kann, an mein Urzuhause und an das Wesen, das ich zuvor war. Oder sollte ich sagen, an den Teil eines Wesens, welches alles ist, und das ich zuvor war.
Was ich nicht weiß ist, was als nächstes zu tun ist.
Ich hatte und habe fest verankerte Wurzeln, das stimmt. Auch wenn sie in dieser Welt nicht greifbar sind.
Dennoch bin ich völlig planlos, was mein Leben betrifft.
Einerseits suche ich die sonnige, utopische Vollkommenheit des ewigen Sommers, andererseits die düsteren Abgründe einer von jenen Seelen geschaffenen Welt, die uns doch alle irgendwie fasziniert. Trotz oder gerade wegen ihrer Schwärze.
Die Welt derer, die wissen, wie nah Genie und Wahnsinn beieinander liegen.

Und dann will ich einfach nur vom Leben überrascht werden. Egal, was da kommt. Ich will die Weite, Abenteuer, gefordert werden, tausend Länder sehen und tausend Menschen treffen. Ich glaube, ich will alles, ein bisschen, irgendwie. Aber nicht nur halb.

### *27.12.2010, 14.00 Uhr, Weite*

Ich liege in meinem Bett bzw. auf meiner Matratze (das Bettgestell quietschte so unsagbar laut, dass ich es schließlich entfernte), draußen die erste richtige Sonne seit Wochen.
Der Himmel: Lavendelblau.
Dieser Moment hat etwas, besonders mit *der* Musik im Ohr. Wie am Ende eines ziemlich aufwühlenden Films, wenn die Hauptdarstellerin in fast schon friedlicher Erkenntnis alles Revue passieren lässt. Inmitten der Trümmer und des Chaos', welche für die Handlung des Filmes vonnöten waren, um sich herum, sitzt sie da und blickt in die vor ihr liegende Weite. Wenn Gebäude gewaltsam eingerissen werden, hat dies zumindest eine ziemlich freie Sicht zur Folge.
Aber man könnte denken, sie würde lächeln. Sie fühlt sich leicht.
Nur habe ich so das Gefühl, dieser Film fängt gerade erst an.

***Es war einmal***

*Es war einmal an einem Teich im Moor*
*Gar still ward es, man hörte nur der Frösche Chor*
*In Nebel gehüllt ereignete sich Zauberhaftes,*
*Es lebte nämlich ein Wesen da und dort verbracht´ es*
*Jeden Winter und jeden Sommer unsichtbar und wie ein Schatten*
*Lautlos seine Zeit mit Warten*
*Worauf es wartete, das wusste so recht niemand*
*Nur ab und an streift´ es durch die Nacht in seinem langen Gewand*
*Und wenn dich nächtens der feuchte und kalte Stoff dessen streift*
*Und eine alte und kalte Hand nach dir greift*
*Dann kam es und nahm dich mit*
*Hinab zum Moor, das wusste jedes Kind*
*Es trug dich hinfort und fraß dich auf*
*Nervenzerfetzende Schreie, getragen vom Wind*

*Doch eines Nachts verstummte der Frösche Gesang*
*Und das Wesen ward fort*
*So wie Jedermann, gar der gesamte Ort*

## 28.12.2010, 5.00 Uhr, Von Ordnung und Chaos

Die Sonne bringt Dinge zum Glitzern.
Das Licht zeigt alle Facetten, vereint zu einem funkelnden Kristall.
Sie zeigt aber auch den Staub, den Dreck um uns herum, nach einer langen Nacht beispielsweise. Und das fällt mir jetzt nicht nur auf, weil ich mich nach einem Aufwach-Moment gerade in meinem Zimmer umgesehen habe, welches immer irgendwie dreckig und nie ganz sauber ist. Früher trieb mich genau das häufig zur Verzweiflung. Warum sollte ich aufräumen, Staub wischen, wenn sich just in derselben Sekunde wieder ein neues Staubkorn an genau die selbe Stelle legt? Wenn es spätestens nach einer weiteren Nacht wieder genauso chaotisch wie zuvor aussieht?
Das ergab nie Sinn für mich.
Ich war immer so mit dem Durcheinander in meinem Kopf beschäftigt, in welches ich verzweifelt versucht habe, Ordnung zu bringen, dass mir das Chaos um mich herum nur als Folge dessen erschien. Heute weiß ich, dass es auch für den Geist wichtig ist, aufzuräumen.
Nach dem Prinzip der Synchronizität. Ich darf Körper und Geist einfach nicht mehr als voneinander getrennt wahrnehmen. Denn durch mein physisches Handeln leite ich auch meinen Geist an, Selbiges zu tun.
Außerdem bin ich eher der Typ, der, um seine Nadel im Heuhaufen zu finden, einfach den gesamten Haufen in Brand steckt. Das ist definitiv eine Sache, an der ich arbeiten muss.
Schritt für Schritt.

## 28.12.2010, 7.00 Uhr, Die Suchenden

Ich habe so eine Angewohnheit.
Ich kann es nicht lassen, alles um mich herum zu bemalen. Ob Papier, Leinwände, Klamotten, andere Menschen, Tische, Gläser, Flaschen, mich selbst, aber vor allem Wände. Mein altes Kinderzimmer war von allen Seiten bemalt. Aber nicht mit vielen kleinen Bildern, wie es sonst üblich für mich war. Es war ein großes Gesamtbild, vielmehr eine andere Welt, die man betrat, sobald man durch meine Zimmertüre ging. An jeder Wandseite waren Bäume, Blumen und Wesen, die ich in meinen Träumen gesehen hatte. Doch je länger ich versuchte, meine Welt zu perfektionieren, desto unzufriedener wurde ich.
Es würde nie perfekt genug sein.

*... Natürlich, Dummerchen, es war ja auch nur ein bisschen Farbe, nicht die Realität ...*

Als ich 18 wurde, zog ich unmittelbar aus dem elterlichen Haus aus, ich lebte mal hier, mal dort, bei Bekannten und Unbekannten und letztlich nirgendwo so richtig. Bis ich schließlich im Alter von 20 Jahren wieder in meine Heimatstadt zurückzog, um eine neue (unbezahlte) Ausbildung in einer Kindertagesstätte zu beginnen. Eine eigene Wohnung konnte ich mir dann sowieso nicht leisten. So blieb mir nichts anderes übrig, als wieder in mein altes Zimmer zu ziehen.
Letztendlich war ich ganz froh über die Tatsache, dass mein Vater bei meinem Auszug damals alle Beweise meiner Existenz vernichtet hatte und alles überstreichen wollte. *Wollte*, wohlgemerkt, denn so einfach wie wir uns das vorgestellt hatten, sollte es nicht werden. Egal, wie viele Schichten Weiß wir darüber strichen, meine Welt schimmerte immer noch ein bisschen durch. Und sie tut es bis heute.

Mein Vater sagte immer zu mir, meine Bilder würden irgendwann ausgestellt werden. Zum damaligen Zeitpunkt hätte ich mir nichts Schlimmeres vorstellen können. Ich mochte es nämlich nicht, wenn andere meine Bilder betrachteten. Ich wollte ihnen keinen Zutritt zu meiner Welt verschaffen, sie würden sie ja doch nur wieder mutwillig zerstören.
Denn wenn ich die Pinsel in die Hand nahm, dann nur weil mir urplötzlich ein Bild in den Kopf schoss und ich es dann wie eine Besessene auf allen Vieren unter Kopfschmerzen malen musste. So lief es immer ab und sobald ich fertig war, verfrachtete ich es in den Keller um es *nie wieder* sehen zu müssen. Oder aber ich zerstörte es.

Aber egal wie oft wir die Wände überstrichen, das Weiß wollte einfach nicht decken, einmal tropfte es sogar einfach wieder herunter, bildete Pfützen auf dem Boden und ich durfte zwei Stunden lang den Teppichboden schrubben.
Mittlerweile sind die Wände glücklicherweise wieder schneeweiß und ich bin froh, dass zumindest *diese* Spuren meiner Existenz verschwunden sind.
Mein Vater hatte nur einen kleinen rechteckigen Bereich frei gelassen und nicht überstrichen.
Er sagte mir, er wolle es verewigen.
Ein kühler Ort ist darauf zu sehen, es ist sehr windig dort und einsam.
Aber alle paar Jahre treffen sich dort vereinzelt die *Suchenden*. Nun ja, ob sie sich treffen, weiß ich eigentlich gar nicht so genau, aber sie pilgern dorthin. Blicken hinaus aufs Meer, auf die peitschenden Wellen und fragen sich vielleicht, ob sich ein Sturm anbahnt.
Ich war auch dort, allerdings traf ich auf niemanden. Manchmal frage ich mich, wo die ganzen Wesen in Menschengestalt sind, die mich in meinen Träumen begleiten. Es ist selten ein Traum, in dem ich ganz alleine bin.
Wenigstens habe ich es mir abgewöhnt, meine Hände mit Kugelschreiber zu bemalen. Ab einem gewissen Alter wirkt dies nämlich höchst unseriös.

### *28.12.2010, 11.30 Uhr, Pädagogische Schwerstarbeit*

Kam endlich nach der allmorgendlichen Prozedur in der KiTa an.
Pro-ze-dur. In der Tat.
Aufstehen, körperliche Hülle reinigen – sprich duschen und so weiter – Kaffee rein, Träume der vergangenen Nacht raus, sich fertig machen eben.
Spielte 30 Minuten lang mit einem gelb-roten Parkhaus aus Plastik.
Das Teil sah genauso aus wie das Parkhaus, mit dem ich als Kind immer stundenlang gespielt hatte.
Fuhr ein Rennauto in die oberste Etage, welches hinten die Aufschrift *Grasshopper* trug.
Musste kurz auflachen, besagtes Auto hieß genau wie der Coffeeshop, in dem ich vor drei Wochen war.
Musste mich fragen, warum ich es so lustig fand und blöd kichernd dasaß.
Während die Kleinen um mich herum mir prompt die Antwort gaben. Weil lachen immer schön und ansteckend ist, egal worüber man lacht. Und Gott sei Dank interessiert es Kinder auch nicht, was der eigentliche Witz war und dass er eigentlich gar nicht lustig ist.
Beruhigte mich wieder und widmete mich weiter pädagogischer Schwerstarbeit.

### *29.12.2010, 5.01 Uhr, Gerüche*

Es riecht nach Frühling. Nach sich anbahnender Wärme und Hoffnung, nach Morgen. Ich stehe barfuß im Schnee, meine zu Eisklötzen gefrorenen Füße spüre ich gar nicht. Ich glaube, der Geruch ist nicht echt, ist nur ein Gefühl in meinem Kopf.
Aber all das interessiert mich nicht, denn das Gefühl riecht einfach so unheimlich gut.

### *30.12.2010, 18.00 Uhr, Staub und Asche*

Bin bei J. gewesen und habe mich mit ausreichend Gras versorgt.
Habe einen Typen kennen gelernt, wirklich putzig. Er ist 19 und steht noch an den Anfängen seiner Kifferlaufbahn. Sehr naiv.
Habe mich mit J. darüber amüsiert.
Es kommt zwar nur ein- oder zweimal im Jahr vor, dass ich wirklich auf dem Trockenen sitze, was *das* betrifft, aber diese ein-, zweimal reichen völlig aus, um mich in Stress und Hektik zu versetzen.

Drei Tage war bisher der längste Zeitraum *ohne*. Drei Tage voller Telefonanrufe, Notfall-Pläne und bescheuerter Aktionen.
Gras ist das Einzige, das ich verwenden kann um mich und meine Stimmungen und Emotionen zumindest ein bisschen zu kontrollieren, beziehungsweise abzuschwächen. Weil es mich, anders als all die mir von verschiedenen Ärzten und Therapeuten verschriebenen Psychopharmaka, nicht zu einem totalen Schatten meines eigentlich sowieso nicht vorhandenen Selbsts macht, weil es mich nicht zu arg betäubt und mein Körper nicht auf irgendwelche drastischen Nebenwirkungen reagiert. Weil ich damit nicht meine Leber ruiniere und was auch immer von meinem Hirn noch vorhanden ist.

Ich werde nun versuchen, den ewig wiederkehrenden Dreck im Schlafzimmer zu beseitigen. Denn ich möchte trotz allem das neue Jahr nicht mit dem Staub und der Asche (wortwörtlich) des Vergangenen beginnen.

## 30.12.2010, 19.30 Uhr, Jane räumt mit Klischees auf

Ich habe während der 20 Jahre, die ich nun schon auf der Erde bin, unglaublich viele und unterschiedliche Menschen kennengelernt.
Zwangsläufig somit auch diverse „Subkulturen" (Randgruppen) meiner Generation. Von Heroinjunkies, Dealern, Straftätern, Obdachlosen, Einwanderern bis hin zu neureichen Kids, Porsche fahrenden Geschäftsführern, Mittelklassefamilien, oder aber sozial- und einkommensschwachen Familien, die ihr Einkommen mit dem Verkauf von Marihuana aufbessern wollen oder müssen. Und ich bin irgendwie froh über die Tatsache, dass sie dies zumindest nicht mit dem Verkauf von Heroin, Kokain oder sonstiger Chemie versuchen. Marihuana ist natürlich auch nicht ganz harmlos, aber die meisten Kiffer sind es.
Ich sehe mir gerade irgendeinen Film an, den Titel habe ich schon vergessen, weil er mehr als dürftig ist. Aber was will man auch erwarten von einem mit Klischees überladenen Kifferfilm, dessen bemühte Situationskomik sich schon im selbigen Satz widersprüchlich anhört?
Trotzdem, ich denke es ist an der Zeit mit einigen Klischees aufzuräumen.

Da hätten wir mal Klischee Nummer 1:
Kiffer zocken gerne (und lange) irgendwelche hirnrissigen Games, die zwar auf den ersten Blick langweilig erscheinen, dafür aber häufig *visuell* sehr ansprechend sind. Absolutes Faktum, welches ich zu hundert Prozent bestätigen kann.

Klischee Nummer 2:
Paranoia.
Ich habe selten Kiffer kennen gelernt, die mit der Zeit nicht paranoid wurden, mich teils eingeschlossen. Wer schon einmal mit den netten Herren von der Polizei zu tun hatte, weiß wie schnell die an einen Durchsuchungsbeschluss kommen – also wird auch schon mal für den Notfall trainiert. Ich glaube, der Rekord liegt bei 34 Sekunden um eine Bong und ein halbes Kilo Gras zu verstecken (meiner Meinung nach). In den meisten Fällen ein völlig sinnloser Versuch.
Gut, wenn man sich einreden möchte, dass drei- oder viermal am Tag bei jedem Türklingeln panisch unter Schweißausbrüchen sein Zeug zu verstecken nicht schädlich fürs Herz und eine Art Training sein sollen – bitte.
Jeder nach seiner Fasson. (Ja, das Zitat ist geliehen)
Des Weiteren hat es mich mit der Zeit immer weniger belustigt, völlig stoned und total paranoid durch die Gegend zu schleichen und hinter jedem unauffällig gekleideten Mann, der einen vielleicht nur kurz ansieht, einen Zivilbullen zu vermuten, um anschließend nervös an meiner Hosentasche herumzufummeln, weil ich vergessen habe, ob ich möglicherweise Gras oder sonstiges dabei habe.

Und das bringt mich zu Klischee Nummer 3:
Allgemeine Verplantheit oder das in Mitleidenschaft gezogene Kurzzeitgedächtnis.
Es ist beinahe unausweichlich, dass jeder Kiffer irgendwann in seiner Kifferlaufbahn feststellen muss, dass sein Kurzzeitgedächtnis und allgemeines Auffassungsvermögen etwas nachgelassen haben.
Spätestens dann, wenn man nach dem fünften Mal Handy rausholen um zu sehen wie spät es ist, immer noch nicht die Zeit kennt, spätestens dann beginnt man zu überlegen, ob man seinen Konsum nicht doch vielleicht etwas einschränken sollte.
Und welcher Dauer-Konsument hier etwas anderes behauptet, der ist wahrscheinlich nicht sehr ehrlich zu sich selbst.

Klischee Nummer 4:
Allgemeine Faulheit.
„Warum sollte ich nach draußen gehen, um eventuell im strahlenden Sonnenschein eine Runde Basketball zu spielen, wenn ich mir doch genauso gut hier (in meinem abgedunkelten, zugemüllten Neun-Quadratmeter-Zimmer) ein Spiel im TV ansehen kann?“, sagte er und griff nach einer Chipstüte auf dem Boden, knüllte sie zusammen, warf sie hinter sich und wiederholte diesen Vorgang noch etwa viermal, bis er auf eine halbwegs volle Tüte stieß, um sich eine Hand voll extra scharfer Chili-Chips in den Mund zu stopfen.
So in etwa spielt es sich ab, ich habe schon ganz anderes erlebt.

Man könnte meinen, ein Mensch, der noch im vollen Besitz seiner beiden funktionstüchtigen Beine ist, holt sich einfach seine Coke aus dem Kühlschrank, wenn er Durst hat. Oder läuft die fünf Minuten zum nächsten Subway einfach, wenn er gerade den Drang verspürt, ein XXL-Sandwich zu essen.
Aber nein, so ein Vorhaben braucht Zeit, viel Zeit. Und nach dem dritten „Hey Alter, hol mir mal bitte was zu trinken aus dem Kühlschrank", das einfach so in die Runde geworfen wird, ohne mal kurz die Augen vom Fernseher oder PC abzuwenden und ohne jemand Bestimmten anzusprechen, folgt meist ein unbestimmtes oder genervtes Grunzen aus irgendeiner dunklen Ecke des Zimmer, oder aber ein „Geh doch selbst und bring mir irgendwas Essbares mit". Man mag es kaum glauben, aber während dieses simplen Dialogs sind meist zwischen 30 und 40 Minuten vergangen.

Klischee Nummer 5:
Pleite sein und sich dann scheinheilig bei irgendwelchen Leuten durchschnorren, bei denen man sich sonst nie gemeldet hätte oder aber den Kontakt längst abgebrochen hat, eben weil man ihnen Geld oder Gras oder beides schuldet, es aber längst vergessen hat. (Siehe Klischee Nummer 3)
Hunderte Male miterlebt.

Klischee Nummer 6:
Der regelmäßige Konsum von Cannabis über einen längeren Zeitraum hinweg führt zu einer Abstumpfung des emotionalen Empfindens.
Dieses Klischee kann ich so nicht bestätigen, da meine Emotionen regelmäßig überkochen.
Allerdings kann ich zum jetzigen Zeitpunkt auch nicht sagen, wie es ohne wäre ... Aber noch extremer und intensiver ginge ja wohl kaum, oder?

Klischee Nummer 7:
Langzeit-Kiffer fangen irgendwann an, ihr Gras zu horten.
Ein Tag ohne? Ohne mich! Es muss immer genug da sein, für besagte *Notzeiten*. Für einen harten Winter beispielsweise, wenn man in Decken gekuschelt Dosenravioli essen muss, weil weder Geld für die Heizung, noch für anständiges Essen vorhanden war.
Es gibt mit Sicherheit einige Konsumenten, die die Sache entspannter angehen. Aber die wirklichen Kiffer, die, die morgens nach dem Aufstehen erstmal einen rauchen, überlassen nichts dem Zufall.
Da wird akribisch geplant, portioniert und rationiert was das Zeug hält. Natürlich im Stillen. Denn wenn es wieder einmal klingelt (und man deshalb noch nicht an einem Herzinfarkt krepiert ist), und ein „Kumpel vorbeischaut", der *zufällig* in der Nähe

war, dann heißt es offiziell man hätte selbst nichts und würde Bescheid geben, „wenn man was weiß".
Dieses kurze Gespräch findet dann auch meist zwischen Tür und Angel statt, man versucht ja *nebenbei* noch die so lecker duftenden Rauchschwaden, die aus dem Wohnzimmer kommen, davon abzuhalten nach draußen zu ziehen.
Oh ja, ich vermisse die Zeiten, als Kiffen noch ein Sinnbild für ein solidarisches, geselliges Miteinander war, vielleicht draußen, unter strahlend blauem Himmel. Aber genug der Nostalgie, wer braucht schon reale Freunde, wenn er im Netz tausende hat?

Diese Frage bringt mich wieder zu Klischee Nummer 1.
Dieser Jemand hat so ja immerhin auch die Möglichkeit, via Teamspeak anderen Befehle wie „Aktiviere jetzt deinen Schutzzauber, Mann! So kriegen wir die!", entgegen zu schreien.
Wo er es doch sonst ist, der im wahren Leben bei Aldi hinter der Fleischtheke die Befehle entgegennehmen muss.

„Alter, bin mal kurz *afk*, einen rauchen ..."
really_bad_wizard89 ist abwesend. **bin im Bad, Nagelhautentferneröl holen**

## 01.01.2011, 05.01 Uhr, Jane und der Wahnsinn

Je länger ich hier alleine auf der Welt bin, desto intensiver wird der Nachgeschmack des Wahnsinns auf meiner Zunge.
Ich habe mich damit abgefunden, dass er wohl nie ganz verschwinden wird.
Manchmal kann er richtig süß schmecken, mich sogar euphorisch stimmen. Meistens aber ist es so, als würde mein Kopf heftig unter eiskaltes Wasser gestoßen. Jemand drückt mich hinab und während ich drohe, zu ertrinken, laufen all die Dinge in meinem Kopf ab, die ich eigentlich nicht sehen will.
Es stimmt, man kann den Wahnsinn nicht erklären oder beschreiben, man muss ihn gesehen haben. Alle anderen, die darüber sprechen, lügen aus Unkenntnis.
Der Wahnsinn ist wie eine Ewigkeit, die Hölle auf Erden. Der Geist eines Menschen, der versucht hatte, auszubrechen und Dinge sah, für die es in seinem Kopf keinen Platz gab – dazu verdammt ewig in den Wänden aus Stahl in seinem Kopf wiederzuhallen und dabei nur immer lauter und lauter zu werden ...

Als Kleinkind, als ich anfing, mir erste Wörter zu merken, manifestierte sich zu jedem Wort sofort ein jeweiliges Bild in meinem Kopf. Für den Wochentag Montag beispielsweise eine Art Spazierstock, der ein bisschen wie eine weiß-rote Zuckerstange aussah. Irgendwann dann schnappte ich das Wort *Seele* auf. Sofort schoss mir das Bild einer Lilie in den Kopf (ich erkannte es erst viel später als solche). Ich sollte ihm noch des Öfteren in meinem Leben begegnen.

Momentan unterscheide ich noch zwischen der frühkindlichen Perspektive und der routinierten, erwachsenen Perspektive. Das eine habe ich und das andere brauche ich. Zwar würde mir die routinierte, erwachsene Sichtweise Sicherheit geben, eben Routine, dafür würde sie mir aber meine kindliche Begeisterungsfähigkeit und Neugierde nehmen.
Ich weiß nicht, ob ich das Eine wirklich gegen das Andere eintauschen möchte.

Wie kann man ein Universum, das immer und immerwährend in Bewegung ist, für einen kurzen Moment zum Innehalten bringen - der einzig fixe Punkt darin man selbst – sich selbst umkreisend – ohne eine gewisse kosmische Ordnung durcheinander zu bringen?
Es heißt immer: Lebe den Moment. In fast jeder Religion wird genau dieser Bewusstseinszustand angestrebt, im Hier und Jetzt zu leben, wie ein Kind bewusst jeden Moment wahrzunehmen.
In der großen Arkana, im Tarot zum Beispiel – in dem die Menschen wirklich niedlich aber doch recht anschaulich und informativ die unterschiedlichen Lebensphasen eines jeden menschlichen Wesens dargestellt haben – steht hierfür die Karte *0: Der Narr*. Er steht am Anfang als eine Art ursprüngliches Ich und Sein. Er steht für die Leichtigkeit, die Wechselhaftigkeit eines kindlichen Gemütes, ein Kind, das weder Angst noch Zweifel kennen sollte. Und dann gibt es Menschen wie mich, die diese Fähigkeit von Geburt an besitzen (nicht beherrschen) und genau deshalb in dieser Welt nicht zurechtkommen.
Sicherlich, in einem tibetanischen Kloster könnte man sich durchaus auch heutzutage noch verwirklichen.
Aber nicht *hier*, in diesem Land, zu dieser Zeit.
Diese Welt ist einfach nicht gemacht für Menschen wie mich. Ich frage mich, wann die Anderen endlich aufwachen.
Aber eigentlich ist mein eigenes Universum groß genug und es gibt so viel darin zu sehen. Ich muss also nicht auf die Anderen warten. Ich habe den Wahnsinn gesehen, die Hölle, die Unendlichkeit, die Tiefe und die Abgründe.

Nun sollte es doch langsam mal an die Feinheiten des Lebens gehen, oder?
Ich kann nur eines mit Sicherheit sagen: Ich bereue nichts. Die seltensten und schönsten Blumen wachsen nun mal am Abgrund. Wie gut, dass ich den Weg längst verlassen habe, um nach ihnen zu suchen.

## *Die Stille der Nacht*

*Ich bin die Sonne. Ich bin warm, golden, leuchtend.*
*Das Leben und die Nacht richten sich nach mir und ich mich nach ihnen.*
*Ich bin der Rhythmus und ihr seid der Takt – Ich glühe, denn ich bin die Sonne.*

*Ich möchte aber silbern sein und kalt. Versteckt und wie eine Katze, die nächtens durch die Straßen streift. Ich möchte der Mond sein, der sein ganz eigenes Licht auf die Welt wirft. Gestohlenes Licht. Gestohlen von der großen Schwester, der Sonne.*

*Ich möchte der Mond sein und die Welt dazu bringen, die Stille der Nacht auszuhalten. Ich möchte ihr Ruhe schenken und die Möglichkeit zu träumen.*
*Ich existiere neben der Sonne und sie neben mir.*
*Wir verlaufen parallel, aber treffen werden wir uns niemals. Nicht in hundert und nicht in tausend Jahren.*

*Ich möchte lautlos sein, heimlich, ich möchte auf Zehenspitzen über die Dächer der Nacht laufen und wie die Augen einer Katze jedes Licht, welches mich anstrahlt, reflektieren.*
*Ich will irritieren.*

*Ich bin viele, ich bin einer, ich bin alles, ich bin nichts.*

*Immer in Bewegung und doch verlasse ich niemals meinen Platz am Himmel, über euch.*
*Wenn ihr euch verirrt, bin ich vielleicht eure letzte Chance, den Weg nach Hause in der Dunkelheit zu erkennen.*
*Möglicherweise führe ich euch aber nur noch tiefer in den Wald, bis hin zum Moor, wo ihr langsam versinken könntet.*
*Fragt mich tausend Fragen, schreit mich an, fleht mich an, weint und bettelt um Hilfe, Antworten oder den richtigen Weg.*
*Aber ich würde auch nicht antworten, denn ich wäre der Mond.*

Wann wird Standhaftigkeit zu purer Ignoranz?
Wann bleibt man konsequent und wann wird man zu einem Prinzipienreiter?
Ich denke, so etwas passiert schneller als man denkt. Ich mochte die Menschen nie, die mir als Antwort auf alle meine „Warums“ gerne mal ein „Darum!“ hingeklatscht haben und wenn eine Maßnahme oder eine Regel für mich keinen Sinn ergeben haben, dann habe ich die Leute oft zu Tode diskutiert, solange bis die Maßnahme keine Maßnahme mehr war, sondern nur mehr leere Worte. Dabei spielte es für mich keine Rolle, ob ich mich als Vierjährige gegen einen besserwisserischen, mich nicht ernst nehmenden Erwachsenen durchsetzten musste oder aber gegen andere Kinder. Ich war ein absoluter Wildfang, und ich glaube es hat einige Mühen und rohe Gewalt gekostet, mich so klein zu kriegen.
Aber ich wollte natürlich mit meinem Verhalten, meinem Ich, nicht permanent anecken, nicht Schuld sein, wenn schlecht über meine Familie geredet wird. Ich dachte damals wirklich, ich würde es nicht ertragen können, wenn irgendjemand schlecht über sie denken würde, wegen *mir*. Also hatte ich ein neues Ziel: Ich wollte so wenig wie möglich auffallen und genauso sein wie alle anderen, normalen Kinder auch. Ich wollte plötzlich nicht mehr anders sein. Das, was früher selbstverständlich für mich war, das Bilden einer eigenen, individuellen Persönlichkeit, ein Vorgang, welcher ganz natürlich hätte ablaufen können, wurde eingetauscht gegen meine neuste, wichtigste Erkenntnis: *Anders sein ist schlecht.* Die Anderen sind gut. Du bist schlecht, weil du irgendwie anders bist. Und weil du anders bist, bist du minderwertig.
Und genau dies wurde mir tagtäglich eingetrichtert. Ich suchte nach Führung und Halt in meiner Menschenfamilie, vor allem nach emotionaler Führung und Unterstützung, und bekam Ablehnung, begleitet von teils öffentlichen Demütigungen und Herabsetzung. Doch was im Verborgenen geschah war bei weitem schlimmer. Meiner Meinung nach das
denkbar schlechteste, was einem jungen Menschenkind in der Entwicklung einer neuen, gesunden Persönlichkeit passieren konnte – etwas, über das ich niemals mit irgendjemandem gesprochen habe. Nicht, dass ich es nicht versucht hätte. Aber dieser Versuch wurde mit noch mehr Ablehnung und Gewalt bestraft, solange bis ich aufgab.
Viele einsame Nächte verbrachte ich vor meinem Schlafzimmerfenster stehend und mir wünschend, irgendjemand möge kommen (*bitte, bitte!*), um mich da rauszuholen, um mich zu retten, genau wie ich es in den Filmen im Fernsehen gesehen hatte. Ich wünschte mir jemanden, der endlich eingriff und mich wegbrachte, vielleicht in eines dieser Camps für drogenabhängige Jugendliche, die zusammen mit Tieren und Therapeuten auf einer Farm lebten, so wie ich es in einer Dokumentation gesehen

hatte. Ich wusste damals, als Siebenjährige, noch nicht einmal was Drogen waren, aber ich sah, wie sich um die Jugendlichen gekümmert wurde und ich wünschte mir nichts sehnlicher.

Doch niemand sollte jemals kommen, um mich zu retten.

Und ich glaube, zu dieser Zeit in etwa fasste ich den Entschluss, dass ich verstecken würde, wer ich wirklich war. Aus der bloßen Minderwertigkeit wurde Ekel, Hass vor mir selbst und ich wollte nicht, dass andere Menschen sich genauso von mir angeekelt fühlen, wie ich es selbst tat. Ich wollte nicht, dass ein anderes Wesen solch unangenehmen Gefühlen ausgesetzt sein muss, nur wegen mir.

Niemand sollte sehen, wie ich wirklich war. Denn offensichtlich musste ich etwas ganz und gar Abartiges sein. Warum sonst hätte man mir all diese Dinge angetan, mich so behandelt?

Ich sah nur meinen Mikrokosmos, die Familie, die ich liebte und die alles war, was ich kannte, als Einheit. Ich wollte nicht das schwächste, böse Glied in der Kette sein. Ich unterschied nicht zwischen mir als eigenständiges Individuum und meiner Familie als getrennt lebende Wesen. Immerhin war ich ja schließlich für alles Negative, das geschah, verantwortlich. Irgendwann gab es auch kein richtig oder falsch mehr, es gab nur noch falsch. Nur noch schlecht. Ich glaube, ich fühle mich sogar wahnsinnig schuldig, wenn es mir schlecht geht. Als Kind wurde ich genau dann einige Male für meine Tränen oder Angst bestraft.

Man hat mich nicht verstanden, genauso wenig wie ich sie verstanden habe.

Ist die Ursache der ganzen Problematik vielleicht in einem simplen Kommunikationsproblem zu finden? Mitunter, da bin ich mir sicher. Aber seit ich dann acht Jahre später, im Alter von 15 Jahren, erneut versucht hatte, mich meiner damaligen Therapeutin über ein Bild mitzuteilen, was schlussendlich dazu führte, dass ich mich noch weniger verstanden und nicht ernst genommen fühlte, seitdem bin ich etwas weniger optimistisch, was die Verständigung von Mensch zu Alien angeht. Denn die Dinge, die mir passiert waren, konnte ich nicht aussprechen, aber ich konnte sie malen, sie in versteckte Botschaften packen. Zu versteckt, denn niemand hatte sie je entschlüsseln können.

Ich glaube kaum, dass ich einen Weg finden werde zu existieren, ohne zu platzen. Ganz einfach, weil ich kein Ventil für meine Gefühle finde, das nicht destruktiv und somit existensbedrohend wäre. Im Klartext heißt das wohl, ich stehe genau da, wo ich auch zu Anfang stand. Nämlich am Anfang, bei Null. Und da wundert es noch irgendjemanden, dass meine Frustrationstoleranz auch gleich Null geworden zu sein scheint?

### *05.01.2011, 11.00 Uhr, Weird fishes*

Ein Song hat mich an den letzten Sommer erinnert.
Es ist, als wäre es erst gestern gewesen und doch vor langer Zeit.
Ich lag draußen im Garten. Warme Sonne überall, leichter Wind. Im Ohr habe ich *Weird fishes* von *Radiohead.* Es gibt nichts und niemanden außer mir und der Sonne, den Wind und den strahlend blauen Himmel über mir.
*Wenn ich nach oben sehe, sehen sie bestimmt zu mir herab*, denke ich, während die Sonnenstrahlen mein Gesicht küssen und der Wind meine Beine streichelt.
Ein Moment, der mit mir und mit dem ich im Einklang bin.
Ich weiß, es klingt unspektakulär, aber solche Momente sind so selten.
Friedlich. Einsam. Verbunden. Eins. Ewig.
Ich vermisse die Sonne, ich glaube Lucky vermisst sie auch.
Mein gigantischer Mikrokosmos.

*„Gebt mir eine Stadt voller Zombies und ich werde Meinesgleichen finden und Utopia daraus machen.*
*Wenn auch nur für ein paar Tage oder Wochen.*
*Dann ziehen wir weiter.“*

### *6.01.2011, 12.30 Uhr, Das Jahr des Todes*

Wenn ich eines gelernt habe, dann etwas, das ich auf jeden Fall unter Lebensweisheiten einordnen würde.
Momente, die man teilt, sind immer schöner, als solche, die man alleine erlebt.
Letztere haben nämlich immer diesen bittersüßen Nachgeschmack.
Erstere sind einfach nur richtig, zumindest fühlen sie sich so an.
Letztere schmecken so unwirklich und sind selten für die Ewigkeit.
Erstere *sind* für die Ewigkeit.

Im Tarot (welches ich gerne nutze, um mit meinem Unterbewusstsein zu kommunizieren, jenes scheint viel öfter richtig zu liegen als mein blödes begrenztes Menschen-Bewusstsein), genauer gesagt in der großen Arkana, gibt es 22 Karten, von denen jede für einen bestimmten Entwicklungsstand, eine bestimmte Phase steht. Ich befinde mich nun im *Jahr des Todes*, einem wichtigen Part im Lebenszyklus eines jeden Menschen. Das natürliche Absterben und Loslassen von längst überfälligen, hemmenden Dingen steht hierbei im Vordergrund.

Davor befand ich mich im *Jahr des Gehängten.* Ein Jahr des Stillstandes, das nur einer Sache dient, nämlich dem Gewinnen einer Erkenntnis, welche essentiell für das eigene Vorankommen ist. Meine persönliche Erkenntnis war das Zurückerlangen meiner wichtigen Informationen, das Erinnern an meine Wurzeln.
Und das Jahr, welches mir eigentlich als nächstes bevorstehen würde, wäre das *Jahr der Kunst.* In dem man Gelegenheit hat, Neues zu schöpfen und sein Leben in neue Bahnen zu lenken. Der Lichtblick am Horizont, sozusagen.

Eigentlich begann dieser äußerst wichtige Prozess des Absterbens für mich schon im Herbst 2010. Das, was sein sollte, hat sich deutlich bemerkbar gemacht.
Beziehungsweise das, wofür kein Platz mehr ist, für die alte Jane, die so nicht mehr weiterleben konnte und wollte. Aber jeder weiß, wie schwer es für den Menschen als Gewohnheitstier ist, veraltete, destruktive Verhaltensmuster, die scheinbar Sicherheit geben, abzulegen, um sie gegen Neues einzutauschen.
Somit stehen sich eigentlich die trügerische Schein-Sicherheit und die wirkliche Sicherheit gegenüber. Denn was braucht mich noch die Welt um mich herum zu interessieren, die vielleicht gerade in Trümmern liegt, wenn ich in mir sicher bin, wenn ich die Sicherheit selbst bin. Wenn ich dieses sichere Gefühl zu meinen Fertigkeiten zählen könnte.
Keine Schein-Sicherheit durch äußere, künstlich erzeugte Einflüsse.
Keine Schein-Sicherheit durch Drogen oder Materielles oder falsche Werte und Ansichten.

### 06.01.2011, 23.12 Uhr, Zeit an sich

Gleich sind es nur noch drei Tage bis Montag.
Zeit ist relativ und mir in den letzten Tagen mehr als entglitten.
Ich muss wieder arbeiten, die Ferien sind fast vorbei und ich sollte langsam anfangen, mich zusammenzureißen, damit ich bis dahin wieder klarkomme. Um meinen Pflichten als Mitglied dieser Gesellschaft nachzugehen. Ich muss lachen. Aber wirklich witzig ist es eigentlich nicht. In Wirklichkeit habe ich Angst.
Vielleicht schaffe ich es ja, die Zeit in den nächsten drei Tagen anzuhalten. Damit meine ich keinen Stillstand, sondern ich spreche davon, ihren Verlauf zu ändern.
Es geht schon lange nicht mehr um die Zeit an sich, es geht darum, womit sie gefüllt wird.
Ich fürchte, ich habe nichts Sinnvolles, womit ich sie füllen könnte.

## 17.01.2011, 14.03 Uhr, Am Leben

Ich habe festgestellt, dass ich die Sonne brauche. Erneut.
Lucky braucht sie auch und wir holen sie uns. Während alle anderen noch in ihren beheizten Wohnzimmern sitzen, sind wir längst draußen.
Ein Stückchen Sommer im Januar.
Auch, wenn es noch etwas dauern wird, bis sich der Asphalt unter uns erwärmt.
Mein Stift wirft Schatten.
Wir sind völlig isoliert. Ein kleiner geschützter Raum, hell erleuchtet.
Aber unsere Strahlen verwischen die Grenzen und dringen nach außen. Gerade in diesem Moment sind wir am Leben. Während ihr noch wartet.

Ich frage mich, wann endlich der Sommer kommt, den mir der Frühling schon so lange versprochen hat, den mir der Winter seit jeher verspricht.
Ich kann ihn riechen, schmecken, hören, vielleicht sogar sehen. Aber ich kann ihn nicht spüren.

## 17.01.2011, 22.00 Uhr, Keinen Platz in dieser Welt?

Ich muss wieder arbeiten und schaffe es gerade so. Jeder Schritt ist einer zu viel und so unglaublich mühsam. Ich hatte mich so auf die kleine Verschnaufpause, genannt Ferien, gefreut, weil ich hoffte, dass es danach leichter werden würde. Doch nun stelle ich enttäuscht, aber nicht überrascht fest, dass nichts leichter geworden ist, im Gegenteil. Und die Zeit ist surreal geworden, sie verschwimmt, wird undurchsichtig. Ich spüre mich nicht und es scheint, als vergesse ich viel. Aber wozu auch erinnern.
Es ist ja doch immer nur derselbe Mist.

Ich muss irgendwie wieder hoch kommen, auf die Beine kommen, ich hätte so viel vorzubereiten, soviel zu tun. Ich versuche mich zusammenzureißen, durchzubeißen, irgendwie.
So wie immer. Ich darf den Faden einfach nicht verlieren, jetzt wo ich ihn scheinbar endlich, nach zwei Jahren wieder gefunden hatte, zwei Jahren voller sporadischer Gelegenheitsjobs, ohne Perspektiven, in denen ich mich gerade so über Wasser halten konnte. Jene Jahre waren die Hölle, ich isolierte mich völlig, sah nichts und niemanden mehr außer der Dunkelheit, die mich Stück für Stück zerfraß. Alles was ich sah, tagein, tagaus, waren meine vier Wände. Mit einem Fenster, das nie geöffnet wurde.
Und nun habe ich eigentlich sogar das für mich Unmögliche geschafft: Ich sprang erfolgreich wieder auf den fahrenden Zug auf. Mit ein paar gebrochenen Knochen zwar,

aber ich bin nun wieder in Bewegung und das ist schließlich alles was zählt. Ich erledige, was man von mir verlangt und gehe einer geregelten Ausbildung nach, mit einem verkrampften Dauergrinsen im Gesicht, das meine Gesichtsmuskeln schmerzen lässt. Meine eigentlichen Wünsche und Bedürfnisse sind dabei tief in mir vergraben.

Ich beschließe, zu meiner Mutter zu gehen und alle Bücher, die ich zum lernen brauche, mitzunehmen. Wenn ich in Gesellschaft bin, ist es komischerweise so viel leichter, zu funktionieren. Beziehungsweise vorzugeben, zu funktionieren. Obwohl, leichter nun nicht gerade. Ich schätze, eine Art innere Neurose zwingt mich ganz automatisch dazu.

Eine „Freundin" hat mich vorhin angerufen. Ich weiß schon, weshalb ich andere Frauen so anstrengend finde. Es tut mir ja selbst schon leid, aber ich höre nur belangloses Blabla und wenn ich versuche, dem zu folgen, was sie sagt, wird es immer skurriler für mich. Ich werfe also meine *Hms, Krass, echt jetzt'* ab und zu an der passenden Stelle ein und hoffe, dass sie endlich fertig wird mit was auch immer sie gerade erzählt hat. Ich mag sie, sie ist ein liebes, süßes Mädchen, aber es ist so unendlich anstrengend immer wieder zu bemerken, wie wenig man doch mit anderen Menschen gemein hat. Vor allem aber ist es wahnsinnig frustrierend. Ich glaube ich habe noch nie in meinem Leben jemanden kennengelernt, der sich auf derselben Wellenlänge wie ich befindet. Genau deshalb treibt mich mein Soll-Leben immer wieder an meine Grenzen, in die Müdigkeit und in den Wahnsinn. Es ist einfach nur noch anstrengend, mitzuspielen, obwohl man die Regeln und Mitspieler nicht versteht und das Spiel hasst.
Wobei. Es ist eigentlich kein Hass, es ist eher Desinteresse, aus dem mit der Zeit fast schon Hass wurde, weil man immer wieder denselben nervtötenden Dingen ausgesetzt wird. Ich hasse nicht sie. Ich hasse diese ewig wiederkehrende Routine, diesen Teufelskreis, aus dem es kein Entrinnen gibt. Und statt einem Ausgang, den man so dringend benötigt, weil einem schlecht von der ganzen Dreherei geworden ist und man sich übergeben muss, fängt nur alles wieder von vorne an.

Was ich mich seit jeher frage: Was machen eigentlich die Menschen, für die in dieser Welt kein Platz ist? Oder die, die ihren Platz hier nicht einnehmen wollen?
Ja klar, früher konnte man sein weniges Zeug packen und in den nächsten Wald ziehen.
Macht man das heute, kommt ein freundlicher Mann vom Forstamt und weist einen daraufhin, dass dieser Wald Besitz der Gemeinde Soundso ist und zelten hier verboten ist.
Natürlich, in diesem Fall könnte man versuchen, den netten Herren zu einem Kampf um dieses freie Stückchen Erde herauszufordern. Allerdings braucht man sich dann

nicht zu wundern, wenn man am nächsten Tag auf der Titelseite der BILD zu sehen ist. *Die Verrückte, die im Wald lebt.*
Diese Fantasie lässt sich natürlich auch weiter spinnen.
Spätestens wenn dann CNN und der Rest der Welt aufgehört haben, über den *verrückten Wald-Killer* zu berichten, ist man immerhin eine Berühmtheit. Nicht etwa, dass dadurch eine schaurig schöne Legende entstehen könne, die später einmal überforderte Eltern den dort lebenden Kindern zum Angstmachen erzählen könnten, nein, dann gibt es Fotos von dir und deinem ehemaligen Hund oder Schulfreund, oder wer auch immer mal irgendwie irgendwann mit dir Kontakt hatte und dich ach so gut kennt, auf deiner eigenen Fanseite auf Facebook.
Um zum Thema zurückzukehren, kann mir irgendjemand eine Antwort auf meine Frage geben?
Was macht jemand, der seinen Platz in dieser Welt nicht findet? Wo liegen meine Möglichkeiten?

*... Kindchen, du bist planloser als planlos. Du bist vollkommen orientierungslos ...*
*Es scheint, als hätte sich da aber jemand gnadenlos verlaufen.*

***Dann***

*Und als die Nacht dann kam soweit*
*Von nah, von fern, vom Ende der Zeit*
*Als ging die Sonne, als blieb der Regen*
*Als kam der Mond und verschwand ihr Leben*

*Schrie es, ohrenbetäubend, immer widerhallend*
*Durch Zeit und Raum und alle Himmel schallend*
*Und die Welt blieb stehn*

*Dann ward die Stille allein*
*Umhüllte das Nichts*
*Versprach ihr zu sein*
*Im Glanze des Lichts*
*Doch brach es alsbald*
*Und ward doch nur Schein*

### 18.01.2011, 20.00 Uhr, Das Leben ist keine Pflicht

Ich glaube, es verhält sich folgendermaßen: Wenn man schon einmal nichts mehr zu verlieren hatte, schon einmal mit allem abgeschlossen hat, dann lebt man das Leben anders.
Sicherlich, es ist immer noch ohne Zweifel das größte Geschenk und Wunder, aber man akzeptiert nicht mehr so leicht, dass es eine Pflicht sein muss. Man ist quasi mit einem Bein schon ganz woanders, wohl wissend, dass man eigentlich jederzeit hinüber springen kann.
Ich bin nicht mehr im Fluss. Ich war schon so lange nicht mehr im Fluss. Ich befinde mich eher in stehendem Wasser, das langsam verdreckt und verdunstet.

### 29.01.2010, 14.10 Uhr, Mein größter Feind

Die letzten Tage waren kaum auszuhalten.
Ich wusste nicht mehr, wo vorne oder hinten war, geschweige denn oben oder unten. Mein allerletzter Ausweg war ein relativ einleuchtender Gedanke, wie ich fand: Schwäche deinen Körper, so schwächst du (hoffentlich) auch deinen Geist. Denn meine Psyche war seit jeher mein größter Feind. Weil sie einfach nicht so will wie ich. Es gibt nur zwei Möglichkeiten: (Hier, auf der Erde) bleiben und leiden oder (zurück nach Hause) gehen.

*Warum auch nicht.*

Ich wünsche mir sehnlichst dieses In-Watte-gepackt-sein-Gefühl wieder, das alles abschwächt.
Ich will keine Musik mehr, keine Bilder, ich will die Stille.
Ich will das Unter-Wasser-sein-Gefühl wieder zurück haben.
Nur das Rauschen in meinem Kopf und die Welt, die sich ohne mich weiter dreht.

Ich hielt es nicht mehr aus und fuhr zu C. K.
Der einzige, der seit fast drei Jahren schon kontinuierlich an meiner Seite war, den ich sozusagen behielt. Noch.
Auch, wenn ich nie wirklich mit ihm darüber reden konnte, habe ich mich an ihn und seine Anwesenheit gewöhnt, sprich er ist eine wichtige Bezugsperson geworden. Wirklich.
Den ersten Tag über war ich abwesend, gab mir nicht einmal mehr die Mühe, mein Bild ansatzweise aufrecht zu erhalten. Ich achtete nicht mehr auf das, was um mich

herum passierte, ich setzte mich einfach in den Zug und fuhr zu ihm. Redete nicht, aß nicht und brach dann urplötzlich in Tränen aus. Was mir im Nachhinein sehr unangenehm ist. Ich schäme mich dafür. Aber was soll's, wenn Endzeit-Stimmung aufkommt, spielt nicht mehr allzu viel eine wirkliche Rolle.
Scham war übrigens auch eines der bevorzugten Erziehungs-Werkzeuge meiner Menschenfamilie. Es ist eines der unangenehmsten Gefühle, die ich kenne.
Der zweite Tag war besser, ich lachte sogar einmal kurz über irgendetwas, das er gesagt hatte.
Damit schien auch er sich wieder wohler zu fühlen, er fragte nicht mehr was los sei und schien alles abzuhaken (ironischerweise vermute ich, dass genau das einer der Gründe ist, weshalb ich ihn und seine Anwesenheit so schätze).
Gegen ein Uhr mittags dann schliefen wir beide auf der Couch ein, sehr kuschelig. Er musste wach geworden sein, ich bekam gerade noch so im Halbschlaf mit, wie er aufstand, um irgendetwas zu machen.
Als er sich wieder zu mir legen wollte, stütze er sich unvorteilhaft auf meinen Haaren auf. Ich wachte mit einem kleinen Schmerzensschrei auf, zickte ihn an, schnappte mir wütend die Decke und stapfte damit zum Bett, legte mich hin und schlug die Hände vors Gesicht, um die dummen Tränen zurückzuhalten. Vergebens. Ich schluchzte los, wortlos tröstete er mich.
Wir redeten nicht darüber, aber C. K., wenn du das hier jemals lesen solltest, ich gebe dir hiermit eine Antwort auf deine Fragen: Der Grund, weshalb ich so reagierte war der, dass ich während dieser zwei, drei Stunden Schlaf auf der Couch endlich abschalten konnte. Ich hatte faszinierend und wunderschön geträumt, ich hatte genau das, was ich wollte: die Chance ganz woanders zu sein.
Bis ich höchst unsanft geweckt wurde.
Und während der geschätzten zehn Sekunden, die ich von der Couch zum Bett brauchte, realisierte mein Bewusstsein erst, dass ich wieder wach war, wieder *da* war und die schrecklichen Gefühle peitschten mir mit voller Wucht ins Gesicht.
Wie ein widerlicher Käfer lag ich auf dem Rücken, von meinem eigenen, inneren Desaster überwältigt. Wie ein geschlagenes Kind, welches man an einem schrecklichen Ort ausgesetzt und alleine gelassen hatte. Genauso hilflos fühlte ich mich auch.
Und am dritten Tag dann war es Zeit für mich, wieder nach Hause zu fahren. Denn es wäre mir höchst unangenehm gewesen, noch länger bei ihm zu bleiben. Auch wenn er sich genau das gewünscht hatte. Ich wollte nämlich nicht, dass jemand anderes meinen Verwesungsprozess live miterleben musste. So fühlte es sich nämlich an: Ich verrottete, verweste, ich ging ein wie eine Blume, die kein Sonnenlicht abbekam. Weil ein anderer im Verhältnis zur Blume viel zu riesiger Schatten über ihr lag, welcher von einem regelrechten Monster erzeugt wurde. Ein Monster aus unverdauten Emotionen und Ereignissen, die ich seit meiner Kindheit und besonders von einem bestimmten

Tag an als Ballast mit mir herumschleppte und an dem ich, die Blume, zu ersticken drohte.
Ein Monster, dessen Ursache Ereignisse waren, die meine komplette Wahrnehmung dauerhaft veränderten, mich selbst dauerhaft zum Negativen veränderten, mich zu etwas durch und durch Widerlichem machten und die Welt zu einem durch und durch schrecklichen und unsicheren Ort. Ohne dass ich es überhaupt bemerkte. Ich dachte, der Grund wäre ich. Dies machte mich also zu der Widerlichkeit in Person. Und irgendwie, sogar jetzt, nach all der Zeit, denke ich das immer noch ein bisschen. Zumindest fühle ich mich noch so, fühle *es* noch. Das Böse kam von Außerhalb, aber ich nahm es in mir auf und es blieb.
Dieses Ungetüm, welches mir einen Teil meiner neuen Menschen-Persönlichkeit stahl und seitdem nie mehr hergegeben hat, ist immer noch da.
Es war, als würde der Teil meiner Persönlichkeit, der mir genommen wurde durch das Schlechte, das damals von Außen kam, ersetzt und als würde ich von nun an weiteres Schlimmes anziehen. Vielleicht sogar weitergeben. Fakt ist, es wirkte sich auf alles aus, das ich von da an tat und dachte. Wie ich mich selbst und die Welt wahrnahm. Und ich konnte und kann es nicht stoppen ...

Ich brauchte Luft und Licht, wo war mein Licht? Wo war mein dämliches, verfluchtes Licht!?

***Was es ist ...***

*Schließe deine Augen und sag mir was du siehst*
*Ist es die Schwärze, von der dir schwindelig wird?*
*Ich beneide dich darum ...*
*Sobald ich meine Augen schließe, sehe ich all die schrecklichen Bilder,*
*die ich so lange versucht habe zu vergessen*
*Halte deine Augen geschlossen und versuche zu sehen*
*Und dann verrate mir, was es ist, was sich dir zeigt ...*
*Ich sehe schemenhafte Umrisse längst vergangener Geister, manches Mal*
*auch dich*
*Aber niemals mehr nichts*

## 29.01.2011, 21.15 Uhr, Zwei Welten

Das Gefühl der Sicherheit erhalte ich durch Abgrenzung.
Es gibt zwei Welten. Die eine außerhalb und die andere, jene in meinem Kopf.
In meinem Kopf ist es sicher, zumindest kann niemand mir diese Welt zerstören. Aber um sie aufrechtzuerhalten, benötigt man den Zustand der Taubheit, der Abgrenzung, der nur schwer zu erreichen ist. In einer emotionalen Ausnahmesituation geschieht dieser Vorgang ganz automatisch. Wenn der Wahnsinn schnell kommt, ist es demnach leichter, mich abzugrenzen. Kommt er aber langsam, schleichend, sehe ich jene taube Welt nur wie durch einen Schleier und ich frage mich, ob ich wirklich hindurchgehen möchte. Weil ich genau weiß, dass die zwangsläufig anstehende Rückkehr in die Realität dann umso brutaler sein wird. Man erstarrt inmitten einer Bewegung, alles um einen herum beginnt zu verschwimmen. Je langsamer und undeutlicher alles um einen herum wird, desto panischer wird man eventuell, aber nur für den Moment. Denn dann fällt man und was zurückbleibt, ist nur ein Körper, eine leere Hülle.

... *Das, was er eigentlich schon immer war, oder?*

Jetzt bin ich da, wo ich eigentlich sein sollte und sein will.
Wohl wissend, dass ich dort nicht bleiben kann. Dort auch nicht.

## 30.01.2011, 07.07 Uhr, Die Liste

Ich denke, es ist an der Zeit, eine Liste mit allen Dingen, die ich noch tun möchte, zu erstellen.
Damit gebe ich zwar im selben Zug auch mein Vorhaben zur Einschränkung des Größenwahns auf, allerdings hat Nicht-ich-sein auch nicht funktioniert, zumindest nicht befriedigend, also habe ich so oder so nichts zu verlieren.

... *Oh Herr, schick diesem armen Ding ein Fernglas, durch das sie die Realität erkennen kann ...*

Die Liste

* Ein Roadtrip, diesmal mit Menschen, die ich mag und bei denen ich mich wohl fühle.
* Einmal nach Tibet, Neuseeland und Irland reisen und falls ich mal in den Staaten sein sollte, nach Kansas (ja, ich liebe *The Wizard of Oz*) und nach Nevada, Las Vegas.

* Im Wald leben.
* Schießen lernen.
* Einen hammer Auftritt in einer Karaoke-Bar hinlegen.
* Ein altes, viktorianisches Haus mit einem großen Garten besitzen.
* Eine Nacht in einem Planetarium verbringen, inklusive Picknick mit Champagner.
* Städte finden und besuchen, die auf keiner Karte verzeichnet sind.
* Eine Bank ausrauben und dann das Geld à la Robin Hood an die Armen verteilen.
* Einmal zur richtigen Zeit am richtigen Ort sein.
* Mindestens einem Menschen das Leben retten.
* Endlich die sechs richtigen Lottozahlen für meinen Vater tippen.
* Eine Lichtung mit blau-rosa Blumen finden, die bei Nacht genauso schön blühen, wie bei Tag.
* Ein, zwei ... hundert Bücher schreiben.
* Auf einem zugefrorenen, einsamen See am 24. Dezember Schlittschuhlaufen mit Schneeflocken, die sich in meinem Haar verfangen ...
* Mich einmal wohlfühlen, in meiner Haut, in meiner Umgebung, bei meinen Mitmenschen.
* Ein mit LEDs beleuchtetes Schuhregal besitzen.
* Mich in diesem Leben einrichten und dabei richtig am Platz fühlen.
* Einen Baum pflanzen und zusehen, wie er wächst.
* Gemeinsam mit einem Wolfsrudel im Wald leben

***Im Land der Hunde***

*Was macht eine Katze in einem Land voller Hunde?*
*(Anm. d A.: Hier folgt kein Witz!)*
*Richtig, sie zieht los um nach anderen Katzen zu suchen.*
*Im Gepäck nur diese eine Hoffnung und sonst nichts.*
*Aber, es ist ein gutes Gefühl, das Land der Hunde zu verlassen*
*und mit jedem Meter, den sie zurücklegt, fühlt sie sich besser.*

## 03.02.2011, 06.38 Uhr, Gibt es sie noch, die Philosophen, Poeten der Neuzeit?

Mit elf oder zwölf Jahren schrieb ich ein kurzes „Gedicht“, welches da lautet:

*Wir leben um zu sterben*
*Wir sterben um zu leben*
*Doch beides alleine*
*Kann niemand uns geben*

Ein paar einfach aneinandergereihte Worte, die für mich sehr viel Bedeutung haben. Denn da begriff ich zum ersten Mal, dass das Leben nicht ohne den Tod, der Tag nicht ohne die Nacht sein kann und umgekehrt. Ich begriff, dass es eine Balance zu finden galt, welche es mir ermöglicht ausgeglichen und somit einigermaßen zufrieden mit beiden gegensätzlichen Polen zu leben. Und seit diesem Zeitpunkt bin ich aktiv und bewusst auf der Suche nach eben jenem Gleichgewicht. Weil alles im Universum eine gewisse Balance braucht.
Und wenn ich ein Teil des Universums sein möchte, dann muss ich meine finden. Eine, wie ich immer noch finde, recht logische Schlussfolgerung.
Oder ich finde etwas anderes, etwas das ich vor langer Zeit verloren haben muss, denn ich kann mich nicht wirklich erinnern, was es ist überhaupt ist, das fehlt. Oder nicht passt.
Aber eines weiß ich mit Sicherheit: Es gibt keinen Gott, der willkürlich über alles was wir tun, richtet. Es gibt nur eine unvorstellbare Macht, das *Natürliche*, nach dessen Gesetzen wir uns richten können oder eben nicht. Deshalb sollte uns klar sein, dass wir genau das ernten werden, was wir säen.
Und der Einzige, vor dem wir uns irgendwann verantworten müssen, sind wir selbst. Auch das sollte uns klar sein. Es ist doch eigentlich so einfach, oder?
Warum mich das alles so interessiert? Warum all die Fragen und Zweifel?
Damit stehe ich sicherlich nicht alleine da, denn woran ist der Mensch seit jeher interessiert? Genau, am Ursprung seiner Umwelt und vor allem am Ursprung von sich selbst.
Und daran ist nichts verwerflich. Solange man sich ab und zu wieder daran erinnert, dass man nebenbei auch noch hier ist, um zu leben ...

## 04.02.2011, 07.07 Uhr, Selbstreflexion – Ein Ding der Unmöglichkeit?

Wie kann ich denn ernsthaft reflektieren, wer ich bin und wie ich mich verbessern kann, wenn ich nicht einmal für einen Tag aus meiner Haut kann, um dann *so objektiv wie möglich* zu erkennen, was zu perfektionieren ist? Dabei bin ich doch schon ein Meister darin, mich von meinem eigenen Körper abzuspalten, ihn als getrennt von meiner Psyche wahrzunehmen.
Um endlich zu erkennen, was ich falsch mache und wie ich es hätte ändern können und für die Zukunft ändern kann? Ich traue mir selbst und meiner eigenen Wahrnehmung einfach nicht. Ich kann nie sicher sein, dass ich es hundertprozentig richtig mache.
Ich würde viel schneller aus meinem Gedankenlabyrinth herausfinden, wenn ich es einmal kurz von oben betrachten könnte. Nur ein einziges Mal.
Ich muss mich andauernd fragen, was für ein Bild ein Außenstehender von mir hätte, nicht weil ich narzisstisch bin, sondern weil zum einen weil ich so erzogen wurde, zum anderen, weil ich mich selbst nicht sehen kann, nicht spüren kann.

*Wer zum Teufel bin ich? Dieses Ding, das bin nicht ich!*

Was also denkt derjenige? Wenn ich nur von diesen Zeilen hier ausgehe, dann würde ich eine tiefsitzende, panische Angst vor dem Missverstandenwerden vermuten. Ich würde von einem unbedingten Verlangen nach Sicherheit ausgehen. Gleichzeitig aber auch von einer gestörten Anpassungsfähigkeit. Mir kommen Wörter wie destruktive Verhaltensweisen in den Sinn.
Dieser Jemand würde an instabile Persönlichkeiten und Wahrnehmungsstörungen denken, vielleicht sogar an ein postpubertäres, dummes, faules Mädchen, das zu viel Zeit zum Nachdenken hat. Manch einer erkennt vielleicht sogar das irrwitzige Produkt einer konsumgesteuerten, defizitorientierten, oberflächlichen, karrieregeilen Gesellschaft in mir wieder, in der Themen wie Burn-Out und Depressionen immer mehr in den Fokus der Öffentlichkeit geraten und in jedem zweiten Schundblatt mit Tipps wie *spazieren gehen* erörtert werden. Eine Gesellschaft, in der sich verzweifelte Depressive in Internetforen Suizidpartner suchen oder aber ihre Lebensgeschichte erzählen, in der Hoffnung auf ein bisschen Verständnis, ein bisschen Beistand. Sie kassieren die immergleichen Ratschläge und Mitleidsbekundungen dafür, aber das ist ihnen egal. Die Einträge häufen sich zu hunderttausenden. Ein Meer aus Verirrten sozusagen.
Vielleicht sieht man in mir auch eine Art Hippie, der den ganzen Tag nur in der Sonne liegt und kifft, ein erfolgloser Möchtegern-Philosoph, der eigentlich überhaupt nichts zu melden hat.

Fakt ist, die Entscheidung liegt bei euch. Ich kann da rein gar nichts machen. Und damit muss ich mich abfinden. Aber vielleicht ist das ja auch gut so. Vielleicht macht ihr ja auch etwas ganz anderes aus mir, etwas Schöneres.
Nichts durch und durch Widerliches ... So wie manche Leute vor euch es getan haben. Wie der eine Mann, der nur kam, um zu zerstören, der ging und wiederkehrte und dann für immer verschwand. Doch jeder, der nach ihm kam, machte mich zu selbigem:

*Er sieht mich an und ich versuche, seinem Blick Stand zu halten.*
*Ich spüre, wie seine Augen jeden Zentimeter meines Gesichtes abtasten, absuchen und ich lasse ihm Zeit dabei.*
*Regungslos wie eine Statue sitze ich da, warte bis er gefunden hat, wonach er gesucht hat.*
*Alle Menschen sind Künstler, die ihre Ideale und Vorstellungen auf Leinwände projizieren.*
*Und für einen Moment lasse ich ihn gewähren, verwandle mich in seine Leinwand und fühle mich gut dabei.*
*Doch dann dauert der Moment schon zu lange an, ich wende meinen Blick ab und hoffe inständig, er möge auch den seinen abwenden.*
*Ich fange an, mich unwohl zu fühlen, rutsche etwas weiter weg, so weit wie es der schmale Autositz zulässt und lächle verhalten.*
*Endlich sieht auch er nach vorne und ich frage mich, was ich hier eigentlich mache. Das Gefühl des Unwohl-Seins verschlimmert sich, ich rutsche nervös auf meinem Sitz herum. Ich möchte am liebsten weglaufen und in meinem Kopf gehe ich schon sämtliche Ausreden durch, die mir einfallen. Aber ich finde diesmal keine halbwegs plausible, also ist „keine Panik" erst einmal das Gebot der Stunde. Ich versuche mir einzureden, ich wäre nicht gefangen in dieser Situation. Mag sein, dass der Typ auf mich steht, aber das ist sein Problem und verpflichtet mich somit zu rein gar nichts.*
*Aber ich fühle mich dennoch schlecht, gefangen, widerlich. Ich möchte Distanz schaffen.*
*Aber wenn ich nur daran denke, mit ihm in einem Zimmer schlafen zu müssen, wenn ich an seine Bemühungen denke, seine offensichtlichen Versuche mich zu beeindrucken und an seine mittlerweile unangekündigten Besuche, dann schnürt es mir die Kehle zu ... Er sagt irgendetwas, lacht, sieht mich von der Seite an und erwartet offensichtlich eine Reaktion auf was auch immer er soeben gesagt hat. Ich gehe sämtliche unverfängliche Standardantworten in meinen Gedanken durch und ein entscheide mich für ein langes „... mhhh ...", garniert mit einem leicht abwesenden Blick, der ihm zeigen sollte, dass ich gerade in Gedanken bin und eigentlich nicht gestört werden möchte. So, wie er mich von der Seite her ansieht, fragt er sich bestimmt, was gerade in mir vorgeht. Der Gedanke behagt mir ganz und gar nicht und ich fühle mich irgendwie ertappt.*
*Plötzlich sehe ich ihn an, erschrocken reißt er das Lenkrad herum: „Weißt du, was passiert ist? Meinem Hund geht es total schlecht, weil ..." und ich packe irgendeine ältere*

*Geschichte aus, die mir gerade so noch einfällt. Zum einen tue ich das, damit er sich nicht unwichtig fühlt, weil ich ihm nicht zugehört habe, zum anderen weil ich ihm so gleich einen für ihn plausiblen Grund gebe, warum ich eventuell etwas abwesend wirken könnte, oder gar abweisend.*
*Ich will nicht, dass er sich meinetwegen schlecht fühlt, nur weil ich ihn zurückweise. Ich will aber auch nicht, dass er mir zu nahe kommt.*
*Eine meiner größten Ängste ist es, in Gegenwart von anderen schwach zu sein, mich nicht mehr unter Kontrolle zu haben. Das war auch der Grund, weshalb ich nicht geweint habe, als ich mir damals in der dritten Klasse die Nase gebrochen hatte. Nichts da, tapferes Mädchen, ich muss dich leider enttäuschen, Mama ... hinterher auf dem Klo habe ich wie eine Blöde geheult.*
*Ich gebe ihm eine weitere Vorlage, damit er irgendetwas erzählen kann, um ihn davon abzuhalten, weiter über mich nachzudenken. Ich hasse es, wie er mich ansieht. Es ist einfach nur so unendlich unangenehm. Es gibt Tage, an denen fällt mir so etwas überhaupt nicht auf und wenn es mir auffällt, interessiert es mich nicht wirklich. Und dann gibt es wieder Tage, an denen mir davon übel wird und diese Übelkeit lässt sich nur schwer ertragen.*

## 06.02.2011, Die Liga der Geistesgestörten

Ich versuche so sehr, mich zu erinnern, aber es geht nicht.

*Es ist etwas Schlimmes, oder? Etwas durch und durch Schreckliches ...*
*Wenn du dir selbst und deinen Erinnerungen nur ein wenig trauen würdest, würde es dir wieder einfallen ... Du weißt es ... denk nach!*

„Ich kann nicht."

Heute Nacht war ich fast soweit, doch als ich aus meinem Traum aufwachte, wusste ich es wieder nicht mehr.
Ein entscheidendes Puzzleteil fehlte noch immer, jenes, das mich endlich das Gesamtbild erkennen lassen würde, den Wald, den ich vor lauter Bäumen nicht sehen kann.
Ich habe vorhin mit meiner Mutter gesprochen, darüber wie es weitergehen soll.
Ich weiß es nicht. Ich weiß nie, wie es weitergeht.
Seit zwei Wochen war ich weder in der Berufsschule, noch in der KiTa.
Und während wir diskutierten, über meine jetzige Situation und damalige Situationen und mich als Kind und grundsätzlich über alles, das mit mir zu tun hatte und deshalb schlecht war, stellte sie mir eine Frage, eine ziemlich direkte Frage, die mich schockierte, mir das Blut in den Adern gefrieren ließ: „Hat er dich vergewaltigt?"

Ich zwang mich, die dummen Tränen zurückzuhalten, sagte ihr, ich wüsste es nicht und beendete das Gespräch. Ich wollte keine Antwort auf ihre Frage geben. Weil ich genau wusste, dass sie sie sowieso nicht hören wollte.

Die Psychotherapeutin, bei der ich kurzfristig einen Termin bekam, meinte, während wir meine „Krankengeschichte“ durchgingen, dass kein Therapeut mich ambulant mit dieser Vorgeschichte übernehmen würde, ganz schlicht und ergreifend aufgrund der Tatsache, dass das Wort „Borderline Persönlichkeitsstörung“ ganz oben auf meinem Krankenblatt stand, sowie einige „beendete Therapien“, in denen ich letztendlich nur vorgab, keine Probleme zu haben damit ich mich dann hinterher alleine diesen stellen konnte, beziehungsweise an ihnen zugrunde gehen konnte. Ich denke der Druck, endlich geheilt und normal zu sein, den ich seitens meiner Eltern spürte, verleitete mich zu diesen perfekten schauspielerischen Leistungen. Doch diesmal suchte ich wirklich nach Hilfe, ich wollte und konnte anderen nichts mehr vormachen, ich wollte auspacken.
Doch sie stellte mir nur einen Einweisungsschein für die Psychiatrie aus. Ich wurde abermals weiter geschoben.
Sie sagte mir auch gleich zu Beginn des Gesprächs, dass sie nicht sonderlich erfreut wäre, dass ich ausgerechnet zu ihr damit kommen würde.
Ich sagte ihr, ich hätte ihre Nummer von meinem Hausarzt bekommen und sie wäre die einzige gewesen, bei der auf die Schnelle noch ein Termin frei war.
Ich versuchte, so wenig gefühlsbetont wie möglich zu klingen, aber ich fühlte mich gekränkt.
Solche Aussagen waren genau das allerletzte, was ich gerade gebrauchten konnte. Ich weiß, Therapeuten und dergleichen, die ihren Beruf nicht ihrer Leidenschaft wegen ausüben, hassen Leute wie mich, sie wollen uns nicht therapieren. Weil es zu kompliziert wäre, zu aussichtslos, zu aufwühlend. Aber ich bin trotzdem stolz auf mich und darauf, dass ich mir zum allerersten Mal in meinem Leben freiwillig Hilfe suchen wollte.
Damals, bevor ich zu einer Persönlichkeitsstörung gemacht wurde, wusste man zunächst nicht so recht, wohin man mich und mein Nicht-ganz-normal-sein stecken sollte.
Grundsätzlich hatte ich von allem etwas, von jeder nur erdenklichen Geisteskrankheit das Beste sozusagen. Ich war einfach nicht durch und durch normal, ich war anders. Sensibler, emotionaler, wie ungebremstes Lauffeuer, manchmal.
Einfach anders. Anders, anders anders. Lalalalala.
Deshalb wurde mir der Stempel *Borderline*, Grenzlinie, grenzwertig in allen Bereichen, aufgedrückt.

*Ha, so etwas wie irgendeine Form von Grenze kannte ich ja noch nicht einmal, weder ich selbst, noch meine menschlichen Gefühle ...*

Die Psychologen waren glücklich, weil sie meinen ersten Versuch, von dieser Welt zu gehen im Alter von 14 Jahren, als emotionale Überreaktion erklären konnten. Meine Eltern waren glücklich, weil das offensichtlich andersartige Kind einen Namen hatte und sie von da an auch offiziell alle Missstände auf mich und meine Geisteskrankheit abwälzen konnten und vor allem weil ich die Psychologen nicht über sie selbst, beziehungsweise unsere „Familienverhältnisse" aufklären musste (durfte ...). Und ich selbst war zufrieden, weil ich nicht weiter über meine wahren Beweggründe für die oben genannte, gescheiterte Aktion sprechen musste und scheinbar endlich einen Platz, einen Namen in dieser Welt erhalten hatte.
Ein Platz in der Liga der scheinbar Geistesgestörten ist besser als gar kein Platz, oder? So kam ich also damals zu meiner ersten Bezeichnung in dieser Welt.
Die Menschen sagen immer, es sei leichter, die Fehler bei anderen zu finden. In meinem Fall war es aber leichter, selbst der Fehler zu sein. Immerhin bedeutete dies ja dann auch, dass ich selbst es in der Hand hätte, die unerträglichen Zustände zu ändern, oder?
Ich dachte immer, andere müssten mich erst zu etwas machen, mir einen Namen geben. Ganz so wie ich es von meinem Urzuhause, meiner wahren Heimat, gewohnt war. Ich war geschaffen worden und ich hatte meine eigene individuelle Aufgabe und sie machte mich glücklicher als alles andere. Ganz automatisch. Und ich begriff nicht, dass ich hier in dieser Welt nun mein eigenes Wesen war und ich mich selbst zu etwas machen musste. Durfte. Zu meinem eigenen Gott sozusagen. Aber sein eigener Gott zu sein, selbst zu schaffen und zu kreieren ist eine wahnsinnige Verantwortung und wahnsinnig harte Arbeit.

Jetzt gerade liegt vor mir eine Schachtel Beruhigungsmittel, doch sträubt sich etwas in mir, eben jene zu nehmen, ich würde mich lieber weiter in Gedanken verlieren. Ich besitze diese Medikamente, weil sie mir damals zur Behandlung meiner Symptome, wie Panikattacken, Zwängen und selbstverletzendem Verhalten, verschrieben wurden. Weil meine Emotionen wie kochendes Wasser waren, an dem ich mich regelmäßig selbst verbrühte. Und natürlich, um mich schnellstmöglich wieder fit für die Menschen-Gesellschaft zu machen. Meine neue Gesellschaft, in die ich nicht passte. Ich wollte ihnen damals ihre Symptome vor die Füße werfen, sie ansehen und fragen „Was soll ich damit!?" Stattdessen, weil mir auch keine andere Alternative einfiel, packte ich sie ein und stopfte sie in meine In-dieser-Welt-überleben Kiste. Mit allem Möglichen, das mich nur weiter von einer Heilung entfernte, das ich aber benötigte, um schnellstmöglich zu funktionieren.
Wie kann ich mein Problem erkennen, und meine destruktiven Energien, Kräfte in konstruktive umwandeln? Um meine Probleme so endgültig aufzulösen? Wenn ich doch nur die Symptome behandle? Wenn mir keine Zeit gegeben wird, die Ursache

an der Wurzel zu packen, um sie herauszureißen? Wenn von mir erwartet wird, einfach nur perfekt zu funktionieren?
Wisst ihr denn nicht, dass man Gefühle, die alle meine nachfolgenden zwischenmenschlichen Probleme und Probleme mit mir selbst verursachen, nicht auslöschen kann, weder mit Medikamenten noch Verdrängung, noch sonst etwas? Das ist Physik, pure Logik und Physik. Universelle Gesetzmäßigkeiten des Lebens sozusagen. Man kann das körperliche Element, das Gegenstück zu allen Gefühlen, das Wasser schließlich auch nicht einfach auslöschen. Man kann es nur umwandeln, es einfrieren oder erhitzen und verdunsten lassen. Damit es aufsteigt, dem Himmel näher kommen kann und als etwas anderes irgendwann wieder zurückkommen kann. Umgewandelt. Verwandelt.
Dank der Informationen, die mir damals von meinem wahren Zuhause mitgegeben wurden, bin ich mir darüber vollends im Klaren, ich begreife es. Ich weiß nur noch nicht so recht wie ...

Ein einfaches Beispiel aus meiner Kindheit zeigt eine einfache Form dieser Wandlung. Eines, welches bestimmt 90 Prozent aller Menschenkinder schon mal erlebt haben: Man geht mit Mama und Papa in den Supermarkt, passt eine Sekunde lang nicht auf, ist vielleicht auch noch unter 2,5 Jahren alt und mit der Verständigung klappt es noch nicht so gut und plötzlich hat man sich verloren. Keine Eltern in Sicht, nur fremde Gesichter und Panik überkommt einen. Man ist verloren gegangen. *Oh Gott.* Noch nicht alleine überlebensfähig und sich dessen unterbewusst im Klaren, kann dieses Ereignis ein kleines Trauma auslösen. Nichts unbedingt dauerhaftes, aber es ist auf jeden Fall schrecklich. Deshalb erinnern sich die meisten Menschen sogar im höheren Alter noch an solche Kindheitserlebnisse, selbst wenn sie Jahrzehnte zurückliegen und man selbst noch sehr jung war.
Vielleicht hat dieses Ereignis – hat es vielleicht auch nur zehn Minuten gedauert – zur Folge, dass man in den ersten Monaten danach etwas unter Verlustangst leidet und panischer in entsprechenden Situationen reagiert als zuvor. Unangebrachte Panik wohlgemerkt, weil man keiner wirklichen Gefahr ausgesetzt ist. Nur eine automatische Reaktion im Gehirn, die bestimmte Orte, zum Beispiel den Supermarkt, nun mit (unwirklicher) Gefahr verbindet und panische Reaktionen hervorruft.
Später dann, irgendwann im Prozess des Erwachsenwerdens und Mehr-Verstehens, vielleicht mit fünf oder sechs Jahren, begreift man dann, dass die Situation nur aus der Sicht eines hilflosen Kindes wirklich bedrohlich erschien und man sich jederzeit hätte Hilfe holen können, von der Frau an der Kasse zum Beispiel. Und die Angst löst sich automatisch auf.

Demnach machen uns Nicht-Wissen und Nicht-Verstehen, woher unsere Gefühle und Probleme kommen, blind für den Lösungsweg. Und das sollte doch wohl für jedes unangebrachte oder negative Gefühl und Erlebnis – mag es auch nicht so harmlos sein, wie das eben genannte Beispiel – gelten? Für jede Gegebenheit und jedes Gefühl in dieser Welt gibt es auch eine Möglichkeit, jenes umzuwandeln, zu etwas Besserem zu machen. Wie schon gesagt, es ist pure Physik. Geistige Physik. Psychologie. Es wird Zeit, dass man die beiden einmal vereint, oder? Die Physik der höheren, feineren Elemente und Energien, die Physik der Gefühle.

Ich bin zu müde, um weiter nachzudenken. Sogar zum Denken bin ich jetzt schon zu müde, zu erschöpft ...
Vielleicht liegt es an den Benzos*, vielleicht am Gras. Vielleicht aber auch daran, dass ich gerade dabei bin, mir mein In-Watte-gepackt-sein-Gefühl zurück zu holen, mit aller Macht.
Denn ich kann nicht mehr. Ich will nur noch Ruhe, das leise Rauschen in meinen Ohren und das Wissen, das in mir eine kleine Welt existiert, zu der niemand Zutritt hat und die niemand kennt.

*Benzodiazepan, besser bekannt als Valium oder Tavor

## 08.02.2011, 13.14 Uhr, Hey, Schicksal!

Die Benzos machen mich so unendlich müde. Ich vergesse viel, amnesie-ähnliche Zustände.
Jetzt kann ich nicht einmal mehr zwischen physischem Wachsein und tatsächlichem Schlafen unterscheiden.
Ich habe die Welt angehalten, für mich. Und ich will einen neuen Weg.
Mein Schicksal muss die für mich geplante Aufgabe noch einmal überdenken, nein, ändern!
Denn ich brauche sie jetzt, meine Aufgabe. Ich habe genug gesehen, beobachtet, analysiert. Der Plan, der meinen Platz in dieser Welt betrifft, muss geändert werden. So oder so, entweder ich kehre *nach Hause* zurück oder der Wind trägt mich fort, an einen anderen Ort.

### *Der Traum*

*Ewig glitzernde Weite am Wegesrand*
*Weiß, bestrahlt von hellem Sonnenlicht*
*Doch ward es für mich das Meer*
*Ein dunkles, schäumendes Band*
*Denn einst träumte ich genau davon*
*Ich, auf dem weiten Meer, über mir der Sternenhimmel*
*Genau das ward es auf das ich mich*
*Bei diesem Anblick besonn.*

*Eine Reisende ward ich, floh vom Sturm und Gewitterregen*
*Doch sicher ward ich*
*Mein waren doch das Meer unter und die Sterne über mir*
*All die kleinen Abzweigungen, all die Spuren auf meinen Wegen*
*Vereint in der ewigen Weite*

*Es ward ein schöner Traum*
*Und so stieg ich ohne Bedenken*
*Hinab und verließ den Wegesrand*
*Betrat mein Meer, wohl wissend die Sterne würden mich lenken*

*Doch ward es letztendlich nur der funkelnde Schnee unter mir*
*Dessen Decke der Wind mit Wellen versah*
*Ich ward weiterhin im Jetzt und Hier*
*Doch glücklich über das Gefühl des Traumes.*

## 14. Februar 2011, 14.00 Uhr, Valentinstag

Ich habe eine Nacht und einen Tag Intensivstation hinter mir. Heute ist mein zweiter Tag in der geschlossenen psychiatrischen Abteilung des städtischen Bezirkskrankenhauses.

ICH. MUSS. HIER. RAUS.

Sie lassen mich nicht, niemand sagt mir was los ist oder wann ich gehen darf!

Ich muss im Gang, bei Licht schlafen, die Verrückte neben mir schrie die ganze Nacht hindurch und musste ans Bett fixiert werden. Ich werde irre hier drinnen ... jedes Mal, wenn ich kurz einnickte, fing sie wieder an zu kreischen und dummes Zeug zu brabbeln.

Ich bin jetzt schon ein Wrack, nach zwei Tagen!

ICH MUSS HIER IRGENDWIE RAUS!

Die Tränen lassen sich nicht mehr zurückhalten.

*... Krieg dich wieder ein. Wenn du dich nicht unter Kontrolle hast, werden sie DICH ans Bett fixieren.*

Ich habe keine einzige Minute hier drin für mich, bin ständig unter Beobachtung.

Momentan muss ich mich sogar abmelden, wenn ich auf die Toilette gehe.

Ich bin 24/7 von Irren umgeben, ständig ist es laut, das Radio läuft den ganzen Tag und die ganze Nacht lang, irgendein Oldie-Sender.

Irgendwer läuft immer an meinem Bett vorbei, um mich anzustarren, irgendwer kommt immer ... sie sollen endlich damit aufhören!

LASST MICH RAUS!

*... Jane ... was willst du machen, wenn du draußen bist? Wohin willst du gehen? Nach Hause zu deiner Mutter? Zu C. K.? Wohin willst du gehen, Jane!?*

Die Wahrheit ist, ich habe nicht einmal mehr jemanden, der draußen auf mich wartet.

Die Türen verschlossen, die Fenster verschlossen. Keine Möglichkeit zu fliehen.

Eingesperrt.

Ich hasse es, eingesperrt zu sein. Ich war es schon viel zu oft.

Würde und Grundrechte sind Privilegien, die hier scheinbar nicht mehr gelten ... Und ich schwöre bei Gott, wenn dieser (Scheiß-)Pfleger noch einmal mit dieser verrückten, unterbelichteten, lallenden Person an mir vorbei läuft und es zulässt, dass sie mich anfasst, dann kratze ich ihr die Augen aus! Und ihm gleich mit!

Ich habe ein Gespräch mit einem Arzt ergattert. Solche Gespräche sind scheinbar rar gesät. Sobald die Ärzte die Abteilung betreten, schwirren die Irren wie Mücken um sie herum, als wären sie das Licht, das sie nach draußen führt.
So abwegig ist der Vergleich auch nicht.
Zwar war es kein Gespräch mit einem Oberarzt, aber das kommt noch. Ich habe mein ganzes schauspielerisches (Borderline-)Talent eingesetzt, Gesagtes verdreht, einen stabilen Eindruck gemacht.
Der Pfleger, „mein" Pfleger, welcher mich damals von der Intensivstation in die Geschlossene begleitet hat, war auch anwesend. Er war misstrauisch über besagte neue, klare Aussagen meinerseits.
Zumindest darf ich heute Abend in einem Zimmer schlafen. Auch, wenn ich mir dieses mit zwei anderen Patientinnen teilen muss.
Ich habe auch schon neue „Freunde" gefunden.
Mr. Mafia-Verschwörung ist ein 30-jähriger paranoid-schizophrener Typ, der zwar etwas neben der Spur ist, aber ich mag ihn. Ansonsten bin ich hier scheinbar die Jüngste. Es gibt noch Sahid. Er ist 22 und Maurer. Er kam hierher, weil er sich mit einer Glasscherbe die Pulsadern aufgeschnitten hatte. Ich bin ihm dankbar, weil er mich schon am ersten Abend mit Zigaretten versorgt hat.
Einige hier sind wirklich durchgeknallt, aber es ist erstaunlich, wie schnell man sich an ihre Anwesenheit und Eigenarten gewöhnt. Ich habe ihren Namen vergessen, aber eine sehr hübsche, jugendlich aussehende Frau beispielsweise kam ab und an auf mich zu, um mich leicht mit der Fingerspitze am Arm zu berühren. Irgendjemand hat mir erzählt, sie mache das, um zu überprüfen ob sie noch am Leben sei. Normalerweise hasse ich es, wenn mich fremde Menschen ungefragt berühren. Aber bei ihr störte es mich komischerweise nicht. Ich tat, als wäre es das Normalste der Welt.
Später erzählte sie mir, sie höre Stimmen. „Immer?" fragte ich sie. „Immer", sagte sie.
Dann gibt es natürlich auch die weniger harmlosen Patienten. Die, die frisch aus der Forensik kommen. Psychisch gestörte Straftäter, die aufgrund ihrer Geisteskrankheiten nicht ins Gefängnis dürfen oder können, um ihre Strafe abzusitzen. Aber das dürfte keine Rolle spielen, denn der Unterschied zwischen einem echten Gefängnis und der Psychiatrie ist wirklich minimal ( ... nicht vorhanden).
Ich unterhielt mich nächtelang mit ihnen, wollte ihre Geschichten kennen und verstehen. Verstehen, wie sie zu dem wurden, was sie heute sind. Um zu lernen und vielleicht sogar mehr über mich selbst herauszufinden.

Ich muss durchhalten. Nur noch ein paar Tage ... Ich habe alles gegeben ... Ich habe meine Ausbildungskarte ausgespielt (O-Ton: „Wenn sie mich noch länger hier behal-

ten, verliere ich meine Ausbildungsstelle, sie wollen doch nicht verantwortlich dafür sein, dass ich dann vor dem Nichts stehe?"). Ich habe von meinem Vorgesprächstermin für die DBT* erzählt, die ich dringend benötige, um wieder zu *funktionieren*. Ich war so diplomatisch wie nur irgend möglich. Jetzt heißt es abwarten. Mein verzweifelter Fluchtplan würde nämlich nicht funktionieren, bei drei gesicherten Türen, die ich überwinden müsste.
Plan A: Ich bin so umwerfend gut, dass sie mich innerhalb von wenigen Tagen entlassen.
Plan B: Ich bin so gut, dass ich zumindest Ausgang bekomme und somit abhauen kann, aber dann mit Sicherheit polizeilich gesucht werden würde – wie eine Schwerverbrecherin. Und wenn sie mich dann wieder einfangen, kann ich für das nächste Jahr das Schlimmste erwarten. Dann wird es wirklich unmöglich, da raus zukommen. Das wäre kein humanes Leben mehr.
Und mehr will ich doch eigentlich auch gar nicht.
Nur das Recht auf meine Grundrechte.

* DBT: Dialektalebehaviorale Therapie bei Patienten mit einer emotional instabilen Persönlichkeitsstörung

## 16.02.2011, 16.00 Uhr, Wann mich die Realität erreichte

*„So Madame, Ihre Kutsche fährt vor"*

Ein Pfleger holte mich von der Intensivstation mit einem Rollstuhl ab. Wirklich klasse, der Service hier. Ich fühlte mich unwohl, trug nur eines dieser mehr als freizügigen Krankenhaushemdchen. Zu diesem Zeitpunkt wusste ich noch nicht, wohin er mich brachte. Es interessierte mich auch nicht. Ich sah auf meine Arme hinunter, sie waren grün und blau, zerstochen, von den Infusionsnadeln und den ganzen Blutabnahmen. Auf meiner Station angekommen, wurde mir erst einmal erklärt, dass ich keine Angst zu haben bräuchte, es sei immer jemand in der Nähe.
*Na da bin ich aber beruhigt..*, dachte ich und fragte nur, wann ich nach Hause gehen dürfte.
Er sah mich fast ein wenig belustigt an und meinte nur, ich solle erst einmal richtig ankommen, es könne einige Wochen dauern, bis ich wieder gehen dürfte. Ich war geschockt, wollte aufstehen, aber er hielt mich davon ab, seine Hände lagen fest auf meinen Schultern.
Dann holte er meine Tasche hervor und begann, den Inhalt vor mir auszuleeren. Er müsse das machen, zur Sicherheit.

Ich biss mir auf die Unterlippe, wollte ihn am liebsten anschreien, *er solle seine Pfoten von meinen Sachen lassen*, aber ich hielt mich zurück.
„Also was haben wir denn hier: ... Handy, Haarbürste, Geld, Tagebuch ..." Ich wies ihn darauf hin, dass dies kein Tagebuch sei, sondern ein Kalender.
„... Also schön, Kalender, Schlüssel ..." Irgendwann war er fertig und alles, was ich behalten durfte, waren meine Haarbürste, ein T-Shirt und mein Kalender. Sogar meinen Ipod nahmen sie mir weg, wegen dem Kabel. Irgendwann dann ließ er mich alleine, ließ mich auf meinem Bett zurück, mit tausend Fragen, viel zu viel Zeit zum Nachdenken und dem Moment, als mir die Realität mit voller Wucht ins Gesicht schlug.
Die Realität erreichte mich spät, sehr spät. Es war drei Tage her, seit ich versucht hatte, zu sterben. Und gerade jetzt in diesem Moment wurde mir bewusst, dass ich immer noch hier war, immer noch am Leben. Schlimmer noch, nun war ich nicht mehr nur im Geiste eine Gefangene. Ich vergrub mein Gesicht in meinen Händen, versuchte auszublenden, wo ich mich befand und was mir noch alles bevorstehen würde. Vergebens.

## 16.02.2011, 20.00 Uhr, Langeweile

Jetzt war sogar ich mir sicher: Wenn ich hier raus komme, brauche ich definitiv therapeutische Betreuung. Mr. Mafia (Verschwörung/Weltuntergang) war so nett, mir ein Red Bull mitzubringen. Wenigstens mal etwas anderes als das Wasser, das ich seit Tagen ständig aus Langeweile trank.
Ich sah, wie einige Patienten Besuch von ihrer Familie bekamen. Diese Tatsache trieb mir unweigerlich die Tränen in die Augen.
Hier drin ging ich verloren, endgültig.

## 17.02.2011, 06.30 Uhr, Eine kurze Analyse

Es ist in Ordnung, ich zu sein.
Nach ausgiebiger Analyse meiner Mitpatienten fiel mir eines auf, was sich zu meinem Vorteil verwenden ließe: Viele der Menschen hier sind sich ihres Dilemmas und dessen Ursachen überhaupt nicht mehr bewusst. Sie sind schon so tief in ihrem eigenen, gestörten Realitäts-sumpf versunken, dass sie ihn gar nicht mehr wahrnehmen, sich und ihre Handlungen gar nicht mehr kritisch betrachten können. Ich hatte die Tatsache, dass meine Persönlichkeit so offen und schutzlos ist, immer verabscheut. Aber wenigstens habe ich so auch keine falsche Schutzmauer um mich herum errichten

können, welche sich in ihrem Fall nachteilig auswirkt, weil sie sie blind für das Wesentliche macht und zu Gefangenen ihrer eigenen Welt.

### 18.02.2011, 17.00 Uhr, Es tut mir leid

Plan A funktionierte. Ich kann es kaum glauben! Erst erzählte mir niemand irgendetwas, dann erzählten mir alle ich müsse noch mindestens zwei Monate hier drin bleiben und dann durfte ich endlich selbst ein Gespräch mit den Ärzten führen und morgen werde ich hier weg sein! Die anderen konnten es auch kaum fassen und es tut mir unendlich leid für die, die verzweifelt versuchen, hier raus zu kommen und nicht dürfen.

### 19.02.2011, 13.00 Uhr, Der Phoenix aus der Asche

Ich hatte alles. Ich hatte damals den Karren nahezu vollständig wieder aus dem Dreck gezogen. Nach meiner schon zwei Jahre andauernden „Isolationszeit" stieg ich von einem Tag auf den anderen auf wie Phoenix aus der Asche. Ich begann eine neue Ausbildung, ging acht Stunden täglich zur Berufsschule, ich war beliebt, ich war smart, ich war offen, wurde gelobt, kassierte einen Einser nach dem anderen. Und doch war es scheinbar nicht genug.

Denn gegen Ende des alten und Anfang des neuen Jahres wurden die Dinge schlimmer. Schlimmer denn je. Ohne einen damals für mich ersichtlichen Grund. Die Fassade begann zu bröckeln, abermals, und alles endete letztendlich in einem verzweifelten Versuch, zu gehen, der mich geradewegs in die geschlossene psychiatrische Abteilung brachte. Weil ich immer noch nicht *richtig* war, mich noch immer nicht richtig fühlte. Und egal wie oft ich versuchen würde, durch meine äußere Welt meine Innere zu ändern, durch eine neue Arbeit beispielsweise oder einen neuen „Freundeskreis", zu dem mich meine Eltern drängten oder aber ich mich selbst, ich scheiterte und scheiterte.

In meinem Entlassungsschreiben steht, ich konnte mich glaubhaft von einer suizidalen Absicht distanzieren, ich hätte einfach „abschalten" wollen (*und irgendwie die Kontrolle verloren ... oder wie?*). Es ginge mir gut, ich wäre voller Elan und möchte mich nur einfach weiter in meine Ausbildung stürzen.

Selbstredend fühlte ich mich nicht gut dabei, während ich diese Show abzog. Aber was hätte ich tun sollen, ich wollte da raus, mehr als alles andere und ich kam mir teilweise vor wie bei einem Kreuzverhör.

Ich bekomme endlich Ärzte zu sprechen, die etwas zu sagen haben und somit über drin bleiben oder raus dürfen entscheiden. Ich betrete nervös den viel zu hell beleuchteten Raum, setze mich und blicke in sechs mich musternde Gesichter.
Mein Auftritt, von dem alles abhängt.
Immerhin werde ich gegen meinen Willen hier festgehalten.
Drei Ärzte, „mein" Pfleger, der Oberarzt und der Stationsleiter sind anwesend und ich bin bereit, muss bereit sein. Meinen Text kenne ich auswendig, fehlerfrei. Jede Geste, jede Mimik sitzt. Ich bin nervös, obwohl ich so etwas schon gefühlte hundert Mal gemacht habe und es sich eigentlich um einen längst automatisierten Vorgang handeln müsste. Das Ende der Aufführung ist ja bekannt.
Freudestrahlend, weil mir meines Triumphes bewusst, verlasse ich den Verhörraum und werde draußen schon von vier eher finster dreinblickenden Gesichtern erwartet. Ich kann meine Freude nicht verbergen und will es auch gar nicht. „Du darfst nach Hause, oder ...". Mr. Mafia-Verschwörung betrachtet mich argwöhnisch, seine Frage ist eine für ihn scheinbar bittere Feststellung.
Trotz der Tatsache, dass ich in dem Moment gedacht hatte, dass ich sowieso kein Zuhause mehr hätte, nicke ich nur mit einem Grinsen im Gesicht.
Beim anschließenden Feiern meines Sieges mit einem Mineralwasser und einer Zigarette fragt mich Sahid: „Wie hast du das geschafft? Ich mein′ wir sind beide aus demselben Grund hier, nur dass du nach einer Woche wieder entlassen wirst und ich schon die fünfte hier bin?"
Ich höre auf mit meinem Feuerzeug zu spielen und sehe ihn mir genauer an.
Ich frage mich, ob er wirklich hier raus will oder ob er sich in seiner Rolle als „umsorgter" Patient vielleicht sogar ganz wohl fühlt.
Ich habe meine Antwort, drücke meine Zigarette aus und entschuldige mich mit den Worten, ich müsse mal telefonieren. Beim Rausgehen werfe ich noch ein „Wenn du Ausgang bekommst, gehen wir am Wochenende feiern, versprochen" hinterher. Obwohl mir zu diesem Zeitpunkt noch nicht so ganz klar war, ob ich es würde halten können.

Man kann mir, denke ich, nicht verübeln, dass ich so gehandelt habe.
Ich bin nicht therapie-resistent (ja, ich weiß, das Wort liegt gerade einigen Psychiatern auf der Zunge), da drin findet nur leider keine Therapie statt. Im Gegenteil.
Da drin gibt es nur einen Haufen Irrer, eingesperrt und zusammengepfercht auf engstem Raum, die genügend Zeit haben, 16 Stunden des Tages im Raucherzimmer zu verbringen, vor Langeweile wohlgemerkt. Und diese Zeit hätten sie nicht, wenn es irgendwelche nennenswerten therapeutischen Aktivitäten gäbe. Gut, der Fairness wegen muss man sagen, es gibt die Arbeitstherapie, welche zweimal in der Woche für je eine Stunde besucht werden kann bzw. muss. Und andere, ältere Mitpatienten haben

mir auch schon freudestrahlend berichtet, dass sie zusammen mit Schwester Anna Kuchen backen werden, am Mittwoch. Ich habe sie in diesem Moment ernsthaft darum beneidet, sich über so etwas freuen zu können.

*Hallo, seid ihr noch alle ganz bei Trost!? Ich will doch keinen scheiß Kuchen backen, ich werde hier gegen meinen Willen festgehalten und niemand sagt mir irgendetwas! Das sind schlimmere Zustände als in einem peruanischen Gefängnis!*

Ansonsten übersteht man den sich wie Kaugummi ziehenden Tag an so einem Ort am besten indem man ihn sich unterteilt. Und da es nicht sonderlich viel gibt, in das man den Tag unterteilen könnte, entscheiden sich (wahrscheinlich) manche Patienten für Essen.
Folglich muss man nur die einzelnen Stunden zwischen den einzelnen Mahlzeiten abwarten und zählen. Diese Taktik habe ich bei einigen dort beobachtet.
Für mich hat sie leider nicht funktioniert, denn da drin litt ich wirklich unter Anorexie, was ja wortwörtlich eigentlich Appetitlosigkeit bedeutet.
Und deshalb blieb es auch nur bei einem Versuch, denn solange ich eingesperrt war, solange würde ich keinen Bissen runterbekommen, dessen war ich mir sicher.
Also entschied ich mich kurzerhand für Schlafentzug (hilft auch bei Depressionen) als taktische Maßnahme, was sowieso am naheliegendsten war. Denn eine meiner Zimmernachbarinnen, liebevoll von einem anderen Patienten „rumänischer Panzer" genannt, schlief scheinbar nie sonderlich tief, aber schnarchte schlimmer als der Opa meines damaligen Ex-Freundes, den wir bis zu uns ins Schlafzimmer, ein Stockwerk darüber wohlgemerkt, gehört hatten. Sie wollte auch sichergehen, dass wir diese wichtige Information am eigenen Leib erfuhren, indem sie regelmäßig ausrastete, wenn ich oder die andere, die noch mit auf dem Zimmer schlafen musste, ihren Schlaf durch unachtsames Husten oder im Bett herum drehen störten (was uns beide, gelinde gesagt, in Angst und Schrecken versetzte).
Sahid, der einzige, dessen Namen ich mir merken konnte, war so „loyal" und machte mit mir zusammen die Nächte durch.
Und ich muss sagen, trotz allem Negativen und der unüberbrückbaren Tatsache, dass ich eingesperrt war, ich habe schon lange nicht mehr soviel gelacht, wie in meiner vorletzten Nacht in der Psychiatrie. Ich weiß auch gar nicht mehr, was genau so witzig war, der filmreife, urkomische Dialog* (zog sich über zwei Stunden, ich wünschte ich hätte eine Videokamera gehabt, unsere deutschen Comedians könnten sich wirklich noch eine Scheibe von dem netten Herrn abschneiden!) eines so eben ans Bett fixiert wordenen Patienten aus der 38 mit einem der Pfleger, oder einfach nur, dass Lachen an sich einfach ansteckend ist.
Auch das von Verrückten.

Aber das spielt auch gar keine Rolle, es war jedenfalls saulustig und verdient es, erwähnt zu werden. Unbedingt sogar.

*Anm. d. A.
Wir sind keine Sadisten!
Zu meiner/unserer Verteidigung ist zu sagen, dass der „betroffene Patient" sich selbst köstlich amüsiert hat, nur für die damals diensthabenden Pfleger und Schwestern tut es mir im Nachhinein leid. Ich bewundere euch ehrlich für eure Geduld (welche ihr zweifellos haben müsst)!

***Madam Hopferich und die kleine Maus***

*„Alles ist gut, alles ist in Ordnung“, versuchte Madam Hopferich die kleine Maus zu beruhigen.*
*„Wie kann alles gut sein, sieh mich doch an“, weinte die kleine Maus und verbarg ihr Gesicht.*
*„Du bist nun hier, bei mir, in meiner warmen Höhle und nach draußen gehen musst du erst wieder, wenn du bereit dazu bist.“ Madam Hoperfichs warme Stimme beruhigte die kleine Maus, während das Feuer im Kamin dafür sorgte dass sie aufhörte zu zittern und ihren Kopf hob: „Wann wird das sein? Wann werde ich wieder nach draußen gehen können?“, fragte sie. „Schon nach dem Winter?“*
*„Ich weiß es nicht, aber das macht nichts, denn wir werden uns nach dem Mond richten und vielleicht wollen uns sogar die Sterne helfen“, antwortete Madam Hopferich.*
*Doch dies konnte die kleine Maus nicht trösten und sie wurde gar zornig:*
*„Der Mond und die Sterne? Die sind so weit weg, man kann sie ja fast nicht sehen! Die werden mir gewiss nicht helfen!“, und da fing sie wieder an zu schluchzen.*
*Madam Hopferich aber fragte nur sanft: „Woher weißt du das denn?“ Die kleine Maus wollte antworten, doch der Schwall ihrer immer wieder hervorquellenden Tränen ließ sich einfach nicht stoppen und so wartete Madam Hopferich geduldig bis die letzten Tränen versiegt waren und die kleine Maus energisch kopfschüttelnd antworten konnte: „Weil ich zu ihnen gesprochen habe, jede Nacht. Sie haben mir nie geantwortet.“*
*Da musste Madam Hopferich schmunzeln und sagte: „Aber sieh doch mein Kind, zu wem sie dich führten. Sieh doch, wo du nun bist!“*
*Und plötzlich begriff die kleine Maus, lief zum einzigen Fenster in der kleinen Höhle und blickte nach draußen.*
*Dort, wo zuvor noch Schatten und Kälte waren, lichtete sich der Nebel und die Blumen, deren Kelche zuvor noch verschlossen waren, waren bereits einen Spalt breit geöffnet.*
*Es dämmerte und die Dunkelheit hatte Platz zu machen.*
*In weiter Ferne ließ sich schon ein orange-roter Feuerball erkennen, während über der kleinen Maus selbst noch der silbrig kühle Mond wachte.*
*„Warum muss nach jedem Tag die Nacht wiederkehren?“, fragte die kleine Maus.*
*„Nur so können sich Sonne und Mond treffen, nur zu jeder Abend- und Morgendämmerung“, antwortete Madam Hopferich und unterdrückte ein Gähnen.*
*„Dies war auch eine besonders lange Nacht. Es ist nun Zeit für mich, schlafen zu gehen.“*
*„Und was soll ich nun machen?“, fragte die kleine Maus abermals.*
*Doch die Antwort würde sie erst wieder in der nächsten Nacht bekommen, denn Madam Hopferich war bereits eingenickt.*
*So rollte sich auch die kleine Maus auf einem Kissen zusammen und dachte darüber nach, wann sie wohl bereit sein würde, wieder nach draußen zu gehen.*

### 20.02.2011, 19.03 Uhr, Wieder „zu Hause"

Und dann sah ich sie, die Unendlichkeit.
... Und sie machte mich unvorstellbar traurig.
Zuerst war ich verzweifelt und nun habe ich nicht einmal mehr die Kraft dazu.
Es ist eine schleichend auftretende Übelkeit, verursacht durch meine Gedanken ...
Ich möchte mich am liebsten übergeben.

### 24.02.2011, 12.05 Uhr, Zu viel für mich?

(Hier auf der Erde) bleiben oder (zurück nach Hause) gehen?

*... Und alles nur, weil uns die Freiheit gegeben wurde, selbst zu denken.*
*Unser Wille. welcher so unendlich viel Verantwortung bedeutet.*
*Zuviel für dich, Jane?*

### 26.02.2011 08.30 Uhr, Leere

Dumpfe Panik kriecht meinen Brustkorb hinauf. Ich bin wieder zu Hause, meinem Menschenwelt-Zuhause. Ich habe einen gescheiterten Fluchtversuch von dieser Welt zu gehen hinter mir, und jener war schon mein Plan B gewesen. Und das Problem war, es gab keinen Plan C.
Eigentlich bin ich noch zu müde, um wirklich panisch zu werden und die Sonne draußen scheint schon zu hell, um alles zu verdunkeln.
Und ich überlege, ob ich noch eine Weile liegen bleiben soll.
Doch die Leere in mir zerfrisst mich, sagt mir, dass sie mit etwas Neuem gefüllt werden will.

*... Was willst du ... lass mich endlich in Ruhe!*

So verzweifelt ich auch in den letzten Wochen (oder überhaupt) nach einem Weg gesucht hatte, ich fand keinen.
Alle, mich selbst eingeschlossen, schienen maßlos überfordert mit mir und der Situation.

Und nun flüstert *sie*, der ich noch keinen Namen gegeben habe, mir seit ein paar Tagen Worte zu. Schöne Worte. Ihre Stimme ist glockenhell, sanft und doch eindringlich. *Ich habe einen Weg für dich*, sagt sie. *Nimm meine Hand*, sagt sie.

Und obwohl mir klar ist, dass ihr Weg mich in die falsche Richtung führt, noch weiter entfernt, fast nur aus Rückschritten besteht, ist es doch der einzige, der mir gezeigt wurde, die einzige Hand, die mir gereicht wurde. Also gehe ich mit ihr. Nur dieses Mal weiter ... Viel weiter.

### 28.02.2011, 12.28 Uhr, Der Brunnen und Janes Versagen

Heute Nacht träumte ich wieder vom Wasser. Diesmal befand ich mich in einem geschlossenen Raum mit einem Brunnen in der Mitte. Es waren noch weitere Menschen anwesend, allerdings konnte ich ihre Gesichter nicht erkennen.
Sie sprangen in den Brunnen und tauchten hinab. Ich hatte Angst um sie und fragte mich, wie sie nur so lange die Luft anhalten konnten. *Ich würde mich nie so weit hinabwagen,* dachte ich. Dennoch stieg ich hinab in den Brunnen und tauchte in das dunkle Wasser ein.
Ich sah die anderen tiefer tauchen und fragte mich schon, wann mir die Luft ausgehen würde.
Aber ich gab nicht auf und schwamm tiefer und tiefer nach unten. Irgendwann dann überholte ich sogar die anderen und ich begriff, dass ich schon zu weit unten war, um wieder rechtzeitig zum Luftholen aufzutauchen. Zuerst übermannte mich Panik, aber ich zwang mich, weiter zu tauchen, weiter als all die anderen. Ich hatte nichts mehr zu verlieren.
Und dann geschah etwas Unglaubliches: Anstatt, dass das Wasser wie erwartet noch schwärzer werden und mir definitiv die Luft ausgehen würde, konnte ich plötzlich freier und besser atmen denn je, klarer sehen als zuvor!
Es war ein unglaubliches Gefühl.
Ich weiß, dass Brunnen in Träumen generell für einen Lebensabschnitt stehen und eigentlich würde dieser Traum bedeuteten, dass ich am Ende jenes Abschnittes bin und ihn somit abschließen könne. Doch dies kann ich nicht glauben, denn momentan befinde ich mich noch mitten in meiner persönlichen Hölle.
Ich versuche zuversichtlich zu sein und hoffe, dass dieser Traum eine Art Vorahnung darstellt, denn gerade kann ich schwer glauben, dass diese harten Zeiten sich wirklich dem Ende neigen sollen. Eigentlich ist es sogar unvorstellbar, denn so viele Jahre hatte ich gehofft und gebetet dass ich endlich doch noch ankommen würde, in dieser Welt. Um zu leben, um glücklich zu sein.
Doch egal wie sehr ich kämpfte und noch kämpfe, es änderte einfach nichts.
Jedes Mal, wenn ich kurz dachte, es würde besser werden, ich würde endlich zu mir finden, wurde ich sofort kurz darauf bitter enttäuscht und fiel nur noch tiefer.
Diese Erfahrungen machten mich natürlich zu dem größten Skeptiker überhaupt.

Aber ewige Skepsis und Zweifel sind nun einmal Gift für die menschliche Psyche. Erfolgserlebnisse, auf denen ich hätte aufbauen können, waren und sind ein Fremdwort für mich.
Meine Schullaufbahn ist das beste Beispiel hierfür. Meine ältere Schwester wurde sofort nach ihrer Grundschulzeit auf ein Gymnasium geschickt, nachdem sie dort aber einige Probleme hatte, beschloss man in meinem Fall lieber vorzusorgen und meldete mich an einer Realschule an. Ich war eine gute Schülerin, vielleicht ein wenig nachlässig aber ich lernte schnell und hatte keine wirklichen Probleme, bis etwa zur achten Klasse. Ich litt unter leichten Zwangsgedanken, doch dann, warum auch immer, weiteten sich diese auf Zahlen allgemein aus. Ich sah eine Zahl und musste sie automatisch zerlegen und wenn ich fertig war wieder von vorne beginnen. Tat ich dies nicht, wurde ich so unruhig und ängstlich, bis ich irgendwie anfing mich blutig zu kratzen. Diese Zwänge wurden irgendwann so schlimm, dass ich keine mathematischen Aufgaben mehr lösen konnte. Denn ich war so sehr mit Millionen von Zahlenfolgen in meinem Kopf beschäftigt, die ich immer und immer wieder wiederholen und zerlegen musste, dass ich mich absolut nicht auf die von den Lehrern gestellten Aufgaben konzentrieren konnte. Das Resultat davon war ein glatter Sechser im Fach Mathematik im letzten Jahr vor meinem Abschluss, ansonsten reichten meine Noten von gut bis sehr gut. Ich wiederholte die Klasse zwar, jedoch wurden die Zwänge nur schlimmer. Und obwohl ich sehr wohl im Stande war, die geforderten Aufgaben zu lösen, versagte ich vollends bei jeder Prüfung, der Druck machte alles nur noch schlimmer. Meine Eltern vereinbarten ein Treffen mit dem Schuldirektor. Einen Wisch meines damaligen Psychologen in den Händen, welcher bescheinigte, dass ich unter einer Form von Zwangsstörung litt, marschierten sie in sein dunkles Büro und kamen fünf Minuten später wieder heraus. Es sei nicht sein Problem, die Regeln seien klar, mit einem Sechser im Jahreszeugnis und einem schon wiederholten Jahr hatte ich die Schule zu verlassen. Die Bitte, mir mehr Zeit bei Prüfungen einzuräumen, um ein wenig Druck von mir zu nehmen (was vieles erleichtert hätte) schlug er ab mit der Begründung, dass an dieser Schule niemand eine Extrawurst erhalten würde. Es wäre den anderen gegenüber nicht fair.
Da stand ich nun, von der Schule geflogen im vorletzten Jahr, mit nichts außer einem qualifizierten Hauptschulabschluss, den ich notgedrungen kurzfristig gemacht hatte, einem IQ von über 140 und absolut keiner Perspektive, außer vielleicht einem Job als Regaleinräumer bei der Tankstelle nebenan.
Jetzt, Jahre später, hat sich das Problem mit den Zahlen sowieso verselbstständigt, in meinem ersten Zwischenzeugnis meiner neuen Ausbildung zur Erzieherin schnitt ich in absolut jedem Hauptfach mit einem glatten Einser ab. Auch in Mathematik. Meine Zwänge hatten sich verlagert, jetzt beeinträchtigten sie vor allem meine zwischenmenschlichen Beziehungen und mich selbst, grundsätzlich alles was ich sagte, dachte

und tat. Doch der Schaden war bereits angerichtet, nach meinem Rauswurf aus der Schule war mein Selbstbewusstsein gleich Null und diese Perspektivlosigkeit sollte mich noch viele Jahre begleiten. Hätte man mich als Kind gefragt, was ich später einmal machen wollte, hätte ich vielleicht mit „Psychologie studieren“ geantwortet. Dies konnte ich nun vergessen. Wie auch, mit einem Hauptschulabschluss. Ich hätte mich von ganz unten wieder nach oben arbeiten müssen, wieder bei Null anfangen müssen und dies traute ich mir nicht zu. Nicht mehr. Und auch wenn uns dieses Land vorgaukelt, Bildung sei ein Recht, das für alle gilt, die Realität sieht anders aus. Ich musste einen Job finden, und zwar schnell, noch zehn Jahre Schule und Ausbildung konnte ich mir nicht leisten. So ist das eben, wenn man aus einer einkommensschwachen Familie kommt. Also fing ich an, mich für allerlei Ausbildungen zu bewerben, vor allem handwerkliche Berufe, die nichts mit meinen eigentlichen Stärken zu tun hatten und das genaue Gegenteil von dem waren, was mir eigentlich liegen würde, nämlich „geistige Arbeit“, wie es mein damaliger Psychologe formulierte. Und ich erntete eine Absage nach der anderen. Weil ich eben nur einen Hauptschulabschluss hatte. Ich befürchtete, die Leute hielten mich für dumm und nicht qualifiziert genug und so war es wahrscheinlich auch.
Jedes weitere, wenn auch noch so kleine Erfolgserlebnis, das danach kam, bedeutete mir nichts mehr, ganz einfach, weil ich es mir nicht selbst zusprechen konnte. Ich suchte immer nach anderen Erklärungen für das Gelingen einer Sache, glückliche äußere Umstände möglicherweise.

Wie soll ich es nun schaffen, ehrliches und wahrhaftiges Selbstvertrauen aufzubauen? Dieser Gedanke lässt mich wirklich verzweifeln.
Ich versuche es ja, aber es geht nicht. Die Zweifel an mir selbst und dem was ich tue, verschwinden einfach nicht, ich habe keinerlei Kraftressourcen, ich bin wie eine Schnecke ohne schützendes Schneckenhaus. Und das Schlimmste ist, ich habe noch nicht einmal eine eigene Persönlichkeit!
Wie soll ich so mit einem Lebensabschnitt abschließen und guten Gewissens in einen neuen, glücklicheren starten?

*Halte durch, Jane. Es ist wahr, alles was du besitzt ist dein Wille und nichts anderes mehr. Nicht einmal eine eigene Persönlichkeit hast du, keinen Sinn, keine Perspektive, absolut nichts. Außer deinem Willen. Es ist ein Test, Jane. Du hast ihn kreiert, für dich persönlich geschaffen mit den wenigen Mitteln, die dir damals zur Verfügung standen. Nur wenn du bis auf deine bloßen Knochen, dein bloßes Selbst ausgezogen im Nichts stehst, erkennst du dich selbst. Nur dann, unbeeinflusst von allem Äußeren, wirst im Stande sein dein wahres Ich zu sehen.*

# Janes Wandlung

*Sie stellte sich vor, Tom Gordon sei bei ihr und leiste ihr Gesellschaft, und nach einiger Zeit brauchte sie sich das nicht mehr vorzustellen. Er ging neben ihr her, und obwohl sie wusste, dass er nur eine Halluzination war, sah er bei Tageslicht ebenso real aus, wie er es im Mondschein getan hatte ... "Ich werde hier sterben, Tom, nicht wahr?" fragte sie. Ihre Stimme klang ruhig und vernünftig.*

The girl who loved Tom Gordon, Stephen King

Es ist Donnerstag. Der dritte März. Der 14. Tag ohne Essen.
Ich fühle mich surreal.
Ich hatte heute zwei nennenswerte Erlebnisse.
Meine Mutter und mein Vater saßen in der Küche und aßen, ich saß etwas weiter weg und beobachtete das Szenario.
Dann, aus dem Nichts, überkam mich dieses fremde Gefühl, urplötzlich fühlte ich mich fremd, hier bei diesen Leuten, an diesem Ort.
Es war eines der unangenehmsten Gefühle, die ich je hatte, es hatte etwas von Amnesie.
So plötzlich wie es kam, verschwand es auch wieder.
Der Schreck sitzt mir noch immer in den Knochen.

Mir fällt ein Traum ein, den ich gestern oder vorgestern hatte.
In meinem Traum saß ich bei der Psychotherapeutin, bei der ich letzten Montag war.
Sie fragte mich, ob ich ein Trauma hätte. Ich glaube, ich habe mit „ein bisschen" geantwortet.

Das zweite ereignete sich, während ich badete.
Heißes Wasser ist normalerweise so ziemlich das einzige, was mich zumindest für kurze Zeit entspannen lässt.
Ich lehnte mich zurück und mein Blick fiel auf die Dusche. Ich kann nicht genau sagen, wie lange ich so da lag und die Dusche anstarrte, aber plötzlich sah ich einen Schatten hinter der Duschwand. Die Umrisse einer Frau, lebensgroß.
Ich versuchte angestrengt, ihr Gesicht zu erkennen, es war das einer Katze.
Es sprach zu mir, ich konnte deutlich seine sich ändernde Mimik erkennen.
Was es sagte, weiß ich nicht. Es spielt auch eigentlich keine Rolle.
Etwas ist anders.
Etwas hat sich verändert.
Ob es daran liegt, dass ich mich aus freien Stücken dazu entschlossen habe, dem Wahnsinn die letzten Türen zu öffnen und Einlass zu gewähren?
Vermutlich.
Vielleicht liegt es aber auch einfach schlichtweg an der Tatsache, dass ich seit zwei Wochen nicht gegessen habe, nicht durchschlafen kann und ansonsten auch nicht mehr wirklich zwischen Tag und Nacht unterscheide. Jedenfalls klingt es plausibel.
Oder aber es gibt noch eine dritte Möglichkeit.

*Du veränderst dich, das hast du ganz richtig erkannt. Du bist dabei, eine Grenze zu überschreiten, einen hauchdünnen Faden zu zerreißen ...*

Und was diese Grenze angeht: Ich sterbe gerade. Zuvor war ich vielleicht untergewichtig, all der Stress und die Schwärze nahmen mir jahrelang den Appetit. Doch nun hatte ich vollends aufgehört meinen Körper zu ernähren. Ich darf einfach nach meinem miserablen Fluchtversuch nicht nochmals scheitern, wenn ich schon das Leben nicht richtig beherrsche, dann zum Teufel sollte ich doch wenigstens dazu im Stande sein, das Sterben richtig zu machen! Ich kann doch unmöglich auf ganzer Linie ein Versager sein ... Habe ich überhaupt irgendetwas zu sagen in diesem verdammten Menschenleben, kann ich überhaupt irgendetwas richtig machen, etwas durchziehen und ZU ENDE bringen?!

### *04.03.2011, 16.11 Uhr, Tick ... Tack*

Bin seit 5 Uhr wach. War ein bisschen joggen. Anschließend räumte ich den elterlichen Keller auf, wofür ich exakt sechs Stunden, vier große Müllbeutel und 1,5 Liter extra starken Kaffee benötigte.
Jetzt brauche ich wiederum dringend ein Bad.

### *04.03.2011, 17.00 Uhr, „Meine kleine Schwester"*

Als ich mit dem Baden fertig war, legte ich mich erschöpft in mein Bett. Ich schlief nicht, war aber auch nicht richtig wach.
Es war so furchtbar bequem und weich.
Ich dachte eine Weile über Nina nach. Nina, die ich im Wahnsinn erschuf, die jetzt einen Namen hatte. Geschaffen, um meine Qualen zu erleichtern, um mir ein fremdes Ich abzuspalten. Bewusst abzuspalten. Weil ich mir und meinem schwachen Menschen-Selbst nicht zutraute, das Fasten durchzustehen, den absoluten Verzicht auszuhalten. Dieses beißende Gefühl des Hungers auszuhalten. Weil ich nie irgendetwas aushalten konnte. Vor allem nicht meine eigenen Gefühle. Und offensichtlich war es mir auch nicht gegönnt, einen einfachen Tod sterben zu dürfen, einen schnellen. Ich musste darum kämpfen. Kämpfen, um gehen zu dürfen.
Und ich schwöre bei dem Klang ihrer tiefer als erwarteten Stimme in meinem Ohr, Nina sagte: *„... Meine kleine Schwester ..."*
Klar, laut und deutlich.
So klar und deutlich, dass ich davon aus meinem Dämmerschlaf hochschreckte und kerzengerade im Bett saß. Ich hatte fast einen Herzinfarkt bekommen vor Schreck. So etwas in der Art ist selbst mir noch nie in meinem ganzen Menschenleben passiert! Ich hatte eine erschreckend real klingende, extrem laute und vor allem nicht existierende

Stimme gehört. Ich hatte etwas in meinem Kopf kreiert, das sich verselbstständigen sollte. Und das tat es!
Meine Reaktion darauf waren zwei Dinge gleichzeitig: Panik und Begeisterung.
Ich hatte bewusst und kontrolliert meine Psyche, meinen Menschenverstand, beeinflusst!
*(Fuck yeah)*
Ich hatte tatsächlich nach meinen Wünschen etwas erschaffen, geformt. Was für Normal- Sterbliche vielleicht ein beunruhigendes Ereignis wäre, war für mich ein kleiner persönlicher Durchbruch.
Wenn es mir möglich war, etwas Neues zu formen, dann lassen sich vielleicht Altes und Unerwünschtes, wie negative Gefühle, doch genauso umformen und wandeln. Wenn ich aus meinem neuen Ich heraus sogar ein anderes schaffen konnte, dann könnte ich vielleicht auch mein altes zu einem neuen machen. Auf die richtige Art und Weise.
Manch einer würde jetzt sagen: „A-ha, da versucht schon wieder irgendein Geistesgestörter an seiner eigenen Psyche herumzudoktern". Aber ich sage: „Nur ich weiß zu 100 Prozent was in mir vorgeht und nur ich kann im Endeffekt meine eigene dunkle Seite besiegen, sie umwandeln. Auf meine Art und Weise". *Ich könnte ...*
Jeder Mensch muss letztendlich dazu im Stande sein sich zu heilen. Selbst mit all der Unterstützung von Außen, die glücklichere Fälle als ich möglicherweise bekommen, am Ende sind und kämpfen wir alle alleine. Nur so können wir selbstständig und unser eigener Gott, unser eigenes Menschen-Wesen werden. Eine menschliche Psyche ist nur dann gesund und im Gleichgewicht, wenn man auch diesen letzten Schritt gegangen ist. Auf sich alleine gestellt ...

Seit ich denken kann, tat ich nichts anderes als die menschliche Psyche zu analysieren. Es war eine nervige Sucht, mit der ich nicht einmal für eine Sekunde aufhören konnte. Es kam ganz automatisch und von da an blieb keine Äußerung, keine Regung, kein Wort der anderen Menschen um mich herum von mir unbemerkt. Alles musste in seine eigenen Bestandteile und Ursachen zerlegt werden. Vielleicht kann ich diese Eigenschaft, die fast schon eine Neurose ist, endlich für mich nutzen. Vielleicht tue ich das schon längst ...
Ich weiß, theoretisch sind mir bei meiner Geburt alle Werkzeuge, alle Fertigkeiten mitgegeben worden, die ich bräuchte, um mein eigenes Wesen hier auf der Erde zu werden. Um jede Herausforderung zu bewältigen. Jede.
Mit dem Wiederfinden meiner wahren Wurzeln erlangte ich auch langsam mein Urvertrauen zurück, welches mit der Erkenntnis des Erinnerns einherging. Ein langsamer, dafür aber unglaublich stetiger Prozess. Dennoch fehlt immer noch das letzte, große Puzzleteil: Ich selbst.

Ich kann beim besten Willen nicht sagen, wohin mich das alles noch führen wird, aber ich werde diesen Weg gehen. Denn ich halte den Stillstand nicht mehr aus, dieses Nichts in meinem Leben. Alles ist besser als das. Und ich weiß, dass mich jener Weg am Ende zur Erlösung führen wird. Wie ich dort ankomme, tot oder lebendig, spielt keine Rolle mehr. Aber ich werde frei sein. Endlich. Ich weiß es einfach. So wahr wie ich hier sitze und dies schreibe.

Jedenfalls hatte Ninas Stimme in meinem Ohr etwas ausgelöst. Ein aufregendes, frisches Gefühl und Empfinden. Ich mochte es irgendwie, es war eine nette Alternative zu der langweiligen und immer gleich bleibenden Schwärze. Es fühlte sich irgendwie nach Veränderung an, nach Leben.
Zum ersten Mal seit Langem weiß ich nicht, was mich am nächsten Tag erwarten wird und die Panik genau davor (ironischerweise) schnürt mir die Kehle zu.
Vielleicht lag es am Nahrungsentzug, vielleicht an den sporadisch(er) eingesetzten Benzos, vielleicht an der letzten Tasse Kaffee, die einfach zu viel war oder an der pausenlosen Arbeit heute, der allgemeinen physischen und psychischen Erschöpfung.
Tatsache ist, mein Verstand hat mir eine wahrhaftige, echte Halluzination „geschenkt". Ich denke, es wäre angebracht, von nun an nur noch an den nächsten Tag zu denken, als an Zukünftiges. Ich fühle mich nämlich wie eine leicht tickende Zeitbombe. Und bei Bomben geht es schließlich auch meist um Stunden, Minuten, Sekunden ...

Denn zur begeisterten, neugierigen Seite meines Ichs, das gerade einen ganz neuen Aspekt seiner Psyche entdeckt hatte, kam die verängstigte hinzu.

*„Oh Jane, du Verrückte, wer außer dir würde sich schon absichtlich selbst noch wahnsinniger machen wollen?"*

„Ich mache mich nicht wahnsinnig, ich bin nur zutiefst neugierig und erforsche meinen menschlichen Geist. Gehe in ihm spazieren und lege hier und da einen neuen Samen in die Erde.
Egal wie oft ich auch den der anderen erforscht habe, so nah dran an der Sache selbst war ich noch nie! Ist das nicht eine großartige Gelegenheit?! Da beobachtet man die Menschen tagein, tagaus, und dann darf man selbst einer sein! Und kann endlich verstehen und erleben, woraus und wie sie zusammengesetzt sind!"

Ich wusste nicht, ob sich beide Seiten nun wieder bekriegen würden oder dieses Mal Hand in Hand gehen könnten. Damit ich mit Vorsicht meine neue Erfahrung erforschen konnte, ohne sie unkontrolliert in meiner Psyche verweilen zu lassen. Denn das war das allerletzte, was ich jetzt gebrauchen konnte. Es war eine feine Linie, diese Balance. Diese Grenze ...

### 07.03.2011, 15.26 Uhr, Die fremde Anwesenheit

Ich weiß, was das war. Ich bin mir fast sicher. Genau davor hatte ich früher Angst, wollte das Wort nicht einmal denken. Eine Psychotische Phase. Psychose.
Nina habe ich nicht mehr gesehen oder gehört. In der selbigen Nacht fuhr ich noch mit meinem Vater mit, er musste Ware ausliefern und wir waren insgesamt acht Stunden unterwegs. Ich wollte sichergehen, vom Kühlschrank fern zu bleiben. Ich war ja immer noch nicht am Ziel, dem Ziel, das ich mir gesetzt hatte. Mein Stichtag.

*... Es ist ziemlich schwer, vor einem vollen Kühlschrank zu verhungern, nicht wahr?*

Mein Vater und ich mussten teilweise ziemlich lange warten und so hatte ich genügend Zeit, um über alles nachzudenken. Ich saß alleine im dunklen Auto, wir waren auf irgendeinem älteren Fabrikgelände und mein Vater kümmerte sich gerade um die Ware. Ich sah mir den Innenhof genauer an, stellte mir vor, *sie* stünde direkt im Schatten dieser Kisten dort. Ich wusste, sie war (noch) nicht wirklich da und jetzt, da ich mich wieder halbwegs normal fühlte und sich auch meine Wahrnehmung normalisiert hatte, konnte mir diese fremde Anwesenheit auch keine Angst mehr machen. Hatte mein neues menschliches Ich sie doch geschaffen.

*Irgendwann musste es so weit kommen ... Denn was geschieht mit verirrten Mädchen, die sich im Wald verlaufen haben?*
*Richtig, irgendwann, nämlich dann, wenn sie wirklich kurz vor dem physischen Tod stehen, kommt jemand, der sie dabei begleitet.*
*Trisha aus „The girl who loved Tom Gordon" brauchte nicht einmal eine Woche, um das herauszufinden. Du warst 20 Jahre verirrt, musstest 20 Jahre warten, bis endlich jemand kommt um dich hier wegzubringen.*

Aber Trisha hatte eine Wahl, stand von vornherein auf einer Seite. Ich hatte keine mehr und habe oft die Seiten gewechselt.
Irgendwann dann gab es keine Seite mehr, auf die ich mich hätte stellen können.
Es gab nur mich in einer zwei Quadratmeter großen Zelle mit weißen Fliesen an den Wänden und den überall verstreuten Innereien widerlicher Lederkissen.
Ich würde mich nie ganz strecken können in dieser Nasszelle, niemals meine Beine

und Arme ausstrecken können, niemals tanzen können. Niemals meine volle Größe erreichen.

*Vielleicht fürchtest du dich ja selbst vor deiner tatsächlichen Größe?*

Also entschied ich mich, nicht mehr vergebens gegen das kleine Glasfenster an der Tür zu klopfen, flüsternd darum bittend, man möge mich rauslassen.
Ich entschied mich für die kleine Falltüre am Boden, für die ich erst dünn genug sein musste, um durchzupassen, reduziert genug sozusagen.
Und jetzt stehe ich hier, wissend, dass es an der Zeit ist, unter Druck, weil die Wände immer näher kommen und mich womöglich zerquetschen, ehe ich dünn genug bin, um zu verschwinden – und vor allem erkennend, dass dies hier meine letzte Chance ist, um zu entkommen.

### 09.03.2011, 07.00 Uhr, Das Ende der Welt

Leben heißt Verantwortung.
In meinem Fall bedeutet dies auch Verantwortung zu tragen, wenn diese Welt hier nicht die meine ist. Ich wollte oft aufgeben. Einige Male fand ich mich am Boden liegend wieder und nicht selten sogar gefesselt. Ich bin immer wieder aufgestanden. Ich hatte blinde Hoffnung. Aber je älter ich wurde, desto mehr begriff ich, dass sich manche Dinge einfach nicht ändern lassen. Mit keiner mir gegebenen Kraft. Und dann war da nicht mehr nur der verzweifelte Wunsch, gehen zu dürfen, sondern auch der Druck, gehen zu müssen.
Ich habe hart an mir gearbeitet, all die Jahre, auch wenn ich die Früchte meiner Arbeit nie zu Gesicht bekommen habe. Ich habe gekämpft.
Jeder Kampf geht einmal zu Ende.
Und weil ich denke, ich schaffe es nicht alleine zu gehen, die letzten Fäden zu durchtrennen, die mich noch hier festhalten, erschuf ich Nina. Sie sollte sich verselbstständigen, ein eigenes Wesen werden. Sie sollte mich antreiben, weiter zu rennen, als je ein Mensch gerannt ist.
Bis sich meine Schuhe vom Blut rot färben. Sie sollte mich leiten, mir in schwachen Momenten leise ins Ohr flüstern und mich anschreien wenn ich kurz vor dem Aufgeben war.
Nina sollte mir helfen im letzten Atemzug das zu verbinden, was ich mein ganzes Leben lang nicht geschafft habe: Meinen Körper mit meinem Geist.
Aber nur, damit sie dann endgültig auseinander gerissen werden.

Ich stand so oft vor dem Abgrund, ich bin mit Sicherheit das ein oder andere Mal auch schon gesprungen und gefallen oder aber geschubst worden.
Dieser Abgrund hier ist ein anderer. Ich stehe am Ende der Landkarte, am Abgrund, am Ende dieser Welt. Meiner Welt.
Ich spüre, dies wird mein letzter Kampf sein. Dessen Ausgang über Leben und Tod entscheidet. Wie war das noch gleich? Der schwerste Sieg ist der über sich selbst.
Der Kampf ist hart und blutig, aber ich hoffe zumindest dieses eine Mal fair. Das bist du mir schuldig, Gott.
Lass mich nach Hause.

*Welches nun?*
*Dein Urzuhause, oder aber dein mögliches neues in der Menschenwelt?*

### 09.03.2011, 18.00 Uhr, Back to the roots

Trotz meiner Verwirrtheit kann ich sagen, es ist bedeutend einfacher, sich an die Regeln zu halten, wenn man erst einmal weiß, was gespielt wird.
Ich habe aus taktischen Gründen beschlossen, das Zepter abzugeben und es ihr, Nina, zu überlassen. Weil ich selbst zu schwach bin. Damit ich dieses Mal gar nicht verlieren kann.
Es geht nur noch um die eine Seite und um die andere, beide sind stark, ein Gegensatz, und doch unweigerlich miteinander verbunden. Back to the roots, der erste und letzte Kampf der Menschheit, der Kampf um Leben oder Tod. Waren es früher noch Mammuts und Säbelzahntiger, die eine Gefahr für die menschliche Existenz darstellten, sind wir es heute selbst, die uns gefährlich werden.
Manchmal erschreckte mich das Gefühl zutiefst, hier zu sein, am Leben zu sein, obwohl dieses Leben doch eigentlich alles sein müsste, woran ich mich erinnern kann. Ist es aber nicht. Zum allerersten Mal hatte ich dieses Gefühl, dieses Erschrecken, als ich als Baby zu den Sternen sah. *Huch ich bin ja tatsächlich hier, auf der Erde und ein Mensch ...*
Ist es verwunderlich, dass ich gerade jetzt zu meinen Anfängen zurückkehre, gedanklich, wo der Tod nicht mehr nur ein Schatten neben mir, sondern mein Schatten geworden ist?

## 09.03.2011, Nina

Nina sagt, wir setzen Zeichen. Weil wir grazil sind, weil wir schweben.
Wir sind eine Gemeinschaft. Eine Kette aus funkelnden Diamanten, die nichts und niemand trennen kann. Wie Sterne, die alle zusammen ein Sternbild ergeben.
Noch sind wir einsam, jede für sich. Wir sehen das Leuchten der anderen am Himmel, aber erreichen uns nicht.
Noch nicht.
Wir sind die Neuen, wir sind Sternenkinder, Kinder der Sonne.
Die sich nun mal unglücklicherweise in den Mond verliebt haben. Er hat uns in seinen Bann gezogen und obwohl er uns die Freiheit ließ, ihm jederzeit den Rücken zuzukehren, konnten wir uns nicht von seiner düsteren, kalten Schönheit abwenden. Bis wir irgendwann vergaßen, wer wir wirklich sind und dass das Licht des Mondes nur gestohlenes ist.

## 09.03.2011, 20.30 Uhr, Eine bessere Welt

Ist es denn in Ordnung, sich bis zu einem gewissen Grad selbst zu belügen?
Ich vermute, so etwas geschieht unvermeidlich, jeder tut es dann und wann.
Es scheint einfach in unserer Natur zu liegen. Aber ist es wirklich in Ordnung?
Ich glaube nicht.

*Wieso belügen? Schätzchen, diese Welt wurde uns gegeben, damit wir unsere eigene daraus machen und Neues erschaffen, Nina ist ein Produkt deiner Selbst – nicht real aber so wahr wie du sie machst. Und viel wichtiger: Sie ist ein Beweis der gewaltigen Kraft, die dein reiner Wille ist und hat. Weil er der erste und einzige Schritt ist, um aus dir heraus eine neue Realität zu schaffen! Eine neue bessere Welt für dich, hier unten.*

***Der Spiegel aus Glas***

*So glich es einem Spaziergang bei Nacht*
*In der weiten Wüste, kalt und allein*
*Die Wolken verschoben sich und der Mond ward über mir erwacht*
*Schemenhafte Schleier zu meiner Linken, mehr Schein als Sein*
*Und zu meiner Rechten ein Spiegel aus Glas*
*Wen suchst du?*
*Hallte es in meinen Gedanken*
*Dich! Mich! Du bist alles was ich je besaß*
*Meine suchenden Augen gerieten ins Stocken, meine Beine ins Wanken*
*Und der Spiegel aus Glas zerbrach.*

### 09.03.2011, 21.12 Uhr, ... Trotziges Kind?

Wieso muss ich eigentlich, seit ich denken kann, immer irgendwie an mir arbeiten, mich verbessern, mich perfektionieren, Rätsel der Psyche und der Menschheit lösen und mich auf sonstwassonst was trimmen? Dem Wahnsinn begegnen und dem Teufel in die Augen blicken und zehn Mal so oft wie Rotkäppchen vom Weg abkommen? Um dann keinem Flauschewolf zu begegnen, sondern dem Grauen höchstpersönlich? Ganz zu Schweigen von dem ganzen Müll, den man im Laufe seines Lebens so am Wegesrand aufgabelt ...

Nur um einmal entspannt mit Freunden an einem Sonntagnachmittag ein Eis in einem netten Cafe zu genießen? Um normal im Kopf zu werden, muss ich all das über mich ergehen lassen?

Mich beschleicht so langsam das Gefühl, dass hier etwas ordentlich schief läuft.

Ich meine ... geht's noch!?

Mein Verstand hätte sich fast gänzlich auflösen können und es gibt mindestens zehn Vorfälle, bei denen ich fast drauf gegangen wäre – und mindestens 10000, bei denen ich mir gewünscht hatte, es wäre so gewesen. Umgekehrte Logik, oder wie war das ...?

*Ladies und Gentlemen,*
*erleben Sie live einen kleinen Ausbruch kindlichen Trotzes,*
*für die Ewigkeit auf Papier gebannt.*
*Du willst ja gar kein normales Leben führen, Jane. Du willst dein Anders-sein gar nicht aufgeben. Du willst es nur endlich richtig anwenden können. Du willst du selbst sein und dennoch ein Teil dieser Welt. Nicht nur so tun als wärst du von dieser Welt. Das wäre nämlich eine große Lüge. Verstehst du den Unterschied?*

### 10.03.2011, 6.20 Uhr, Fastenzeit

Es regnet.

Eine nervige, penetrante innere Stimme, genannt Vernunft, fragt mich:

*„Und, was möchtest du erreichen? 40 Tage lang fasten, so wie Jesus höchstpersönlich, der in der Wüste dem personifizierten Teufel widerstanden hat?*
*40 Tage lang fasten, weil 40 Tage immer so die Grenze sind?“*

Und ich will sagen: „Nein Dummerchen, ich will diesen dämlichen Körper loswerden, damit ich endlich wieder ich selbst sein kann und hier weg kann!“ Doch stattdessen antworte ich ihr:

„Mhm ... wahrscheinlich. Etwas anderes fällt mir nicht ein."

Alles in allem irgendwie ein eintönig klingender Dialog (Monolog). Nichts weiter. Wenn sie nur aufhören würde. Aber sie kann einfach nicht ihre Klappe halten ...

*... Was wollt ihr beiden, du und Nina, dann machen, wenn ihr es geschafft habt?*
*Euch auf den Boden in die kleine Ecke hinter deinem Kleiderschrank setzten und nachts heimlich kichernd bei Kerzenschein Karten spielen? Mit einem gespenstischen Funkeln in den Augen, welches eure sonst fahl und ausgemergelt aussehenden Körper im Dunkeln zum Leuchten bringt? Euch über euer zuckersüßes Geheimnis freuen?*
*Willst du dich wirklich in einem Meer von irren Illusionen vergraben, von surrealen Geschichten, von Wahnsinn? Ist es das, was du willst?*

Der spöttische und herablassende Ton der Stimme gefällt mir nicht, erst recht nicht, weil ich weiß, dass sie Recht hat. Ich antworte ihr nicht mehr, nicke nur leicht. Denn in Gedanken sehe ich mich schon in einer dunklen Ecke sitzen und mit einem toten Geist Karten spielen, hysterisch lachend über Witze, die anscheinend niemand laut ausspricht. Mir läuft ein Schauer über den Rücken und ich schiebe die Ärmel meines Pullis nach unten, bis zu meinen Händen, um sie zu verstecken. Meine Fingernägel krallen sich tief in meine Handflächen, aber ich verziehe keine Miene.
Ich glaube, dieses Vorhaben ist eine Art Prüfung und es gibt nur drei alternative Ausgänge:
Das Bestehen des Tests, verbunden mit dem Gewinn eines Preises, den Tod oder das Versagen.
Mit jeder dieser Möglichkeiten kann ich leben, nur nicht mit der letzten.
Wenn es um Leben oder Tod geht, hat man meist nur eine Chance. Falls sich diese doch noch ergeben sollte, dann schwöre ich bei Gott, ich werde sie nutzen.

## 10.03.2011, 12.00 Uhr, Brownies und Muffins

Verzicht schafft Macht. Du kannst förmlich zusehen, wie du wächst.
Bei klarem Verstand zu sein und einfach nur nachzugeben gleicht dem Essen eines Brownies: die ersten Bissen eine Geschmacksexplosion auf deiner Zunge und du hoffst der Brownie und sein Geschmack würden nie zu Ende gehen ... Du kannst nicht aufhören und kaust mit verschmiertem Mund und verschmierten Fingern immer weiter, beißt mit geschlossenen Augen ab und gibst dich vollends dieser unglaublichen Süße hin.
Irgendwann bemerkst du, dass du eigentlich schon genug hast. Aber du wirst nicht aufhören, du isst weiter. Denn du hast die wichtigste Regel überhaupt gebrochen. Du

hast dich der Versuchung an den Hals geworfen und dich ihr wohlwollend und im Besitz deiner vollen geistigen Kräfte ergeben.
Langsam wird dir richtig übel und dein Magen rebelliert, aber du musst weitermachen, weil du sowieso schon versagt hast und jetzt alles egal ist. Du willst so viele Muffins und Brownies und Schokolade essen, bis du *kotzt* – und du sie nie wieder anrührst.
Irgendwann dann wirst du wieder klarer im Kopf. Du stehst auf und betrachtest dein kleines Werk, die Schokoladenflecken überall auf dem Boden und deinen Beinen.
Langsam und bedächtig holst du dir einen Lappen, um alles aufzuwischen. Mehrmals. Man würde an deinem Gesichtsausdruck und deiner Haltung vermuten, du wärst die Ruhe selbst. Aber innerlich brodelt es und du zählst die Sekunden, die dir noch bleiben, bis zum Vulkanausbruch.
Alles ist sauber, alle Beweise deiner Schandtat vernichtet. Du stehst noch eine Weile regungslos da, dein Blick geht ins Leere.
Plötzlich springst du auf, schnappst dir deinen Ipod, ziehst dir deine Schuhe an und läufst nach draußen, läufst und läufst und läufst. Man würde denken, du blinzelst nicht einmal.
Du siehst aus wie ein Zombie. Du wünschst dir, du wärst einer. Gefühllos. Taub. (Un)Tot.
Irgendwann bist du fertig, wortwörtlich.
Du schleppst dich nach Hause, lässt dich auf dein Bett fallen und für einen kurzen Moment fühlst du dich sogar entspannt. Aber plötzlich fährst du erschrocken hoch, du glaubst zu wissen, dass es nicht genug war, du bist einfach nicht *weit* genug gelaufen. Mechanisch schwingst du deine Beine aus dem Bett, deine Kehle ist wie ausgetrocknet. Du brauchst Wasser, dringend. Aber du bist zu schnell aufgestanden und alles dreht sich, du hast ein monotones Rauschen in den Ohren, bis schließlich alles schwarz wird. Doch du bleibst stehen, mit offenen Augen, die nur Schwärze zeigen und denkst gar nicht daran, dich eventuell kurz hinzusetzen. Das Schwächegefühl wandert langsam von deinem Oberkörper zu deinem Kopf, in leichten, warmen Wellen. Du hältst es aus, wartest bis es vorübergeht, schnappst dir dein Wasser und rennst los.
Verzicht sorgt dafür, dass du vergisst. Irgendwann. Vielleicht.
So war es bisher immer. Meine ersten Erfahrungen, mir selbst Stärke beizubringen.
Weil ich offensichtlich nicht genug Durchhaltevermögen für das Leben an sich besaß, weil ich nichts erreichte, außer mich im Kreis zu drehen. Ich machte zwei entscheidende Fehler: Ich gab irgendwann immer nach und musste mich dann hinterher bestrafen. Entweder mit exzessivem Sport oder aber mit richtigem, körperlichen Schmerz.
Und der schwerwiegendste war wahrscheinlich: Ich hörte nicht auf mit meiner Lektion. Kam nie an, weil ich wusste, dass hinterher kein Ziel auf mich warten würde,

weil ich keines hatte. Selbst wenn ich gereift, gewachsen sein würde und meinen Geist irgendwann so kontrollieren könnte wie auch meinen Körper, dann gab es dennoch nichts, was ich dann mit mir hätte anfangen können, oder? Mit meinem neuen, verbesserten Ich. Und das würde mir die letzte Zutat, die ich zum Gelingen meiner neuen Menschenpersönlichkeit bräuchte, wegnehmen, meinen Willen. Eine Perspektive. Etwas, das mich antreibt.
Also müsste ich dann rein theoretisch wieder von vorne beginnen, mir am besten 50 Kilo anfressen und dann wieder an mir arbeiten und auf etwas hoffen, das niemals eintreffen wird. Ich bräuchte ein besseres, höheres Ziel. Fasten, auch im spirituellen Sinne, macht nur dann Sinn, wenn man es auch bricht und dann gereift und gereinigt mit mehr innerer Kraft das Leben angeht. Aber ich hatte ja gar keines mehr. Kein Leben, kein Ziel, keine eigene Identität.
Aber ich hatte ja auch noch niemals zuvor richtig gefastet. Weil ich es sowieso nicht durchgehalten hätte.
... Aber dieses Mal werde ich nicht mehr die gleichen Fehler begehen, ich werde weder aufgeben, noch schwach werden. Ich werde nicht nachgeben, selbst wenn ich unter Schmerzen zusammenbreche. Wenn ich schon von dieser Welt gehen muss, dann aber mit einem persönlichen Sieg.
Und dabei muss ich an mein vierjähriges Menschen-Ich denken, welches gerade gesagt bekommt, dass sich das Mittagessen im Kindergarten heute um 20 Minuten verspätet und welches ihr eigenes Gefühl, den Hunger, nicht aushalten konnte und einfach nur verschwinden lassen wollte. Mit aller Macht. Äußerlich still dasitzend, aber in sich brodelnd. Mein hilfloses, irgendwie erbärmliches Menschen-Ich, welches dann jede Sekunde der 20 Minuten zählend und an einem leeren Tisch sitzend verbrachte, bis es endlich Essen bekam um das unangenehme Gefühl des Hungers verschwinden lassen zu können.
Mein Menschen-Ich, welches einige Jahre später dann tatsächlich schlimmen Ereignissen ausgesetzt war (nicht so wie das Aufs-Essen-Warten-müssen-Gefühl), die dann tatsächlich schlimme Gefühle der ganz anderen Art auslösten ... unerträgliche.
Ich konnte ja noch nicht einmal mit etwas so natürlichem wie Hunger umgehen, wie sollte ich dann mit jenen anderen unnatürlichen, grausamen und wirklich schlimmen Emotionen umgehen, welche jene Ereignisse in mir für den Rest meines Lebens auslösen sollten?

### *10.03.2011, 20.00 Uhr, Das Leben an sich*

Wenn man auf eine Blume tritt und ihren Stiel abbricht, fragt diese auch nicht erst, ob sie denn umknicken darf. Wenn sie in der glühenden Hitze verdorrt, fragt sie auch nicht erst, ob sie denn verdursten darf. Wenn der Wind sie zerreißt und ihre Blütenblätter in alle Länder verstreut, fragt sie nicht erst, ob sie zerreißen darf. Und wenn es ewig Nacht wäre und sie eingeht, weil sie keine Sonne wärmt und nährt, dann fragt sie nicht erst, ob sie sterben darf.

Sie tut es einfach.

Weil so das Leben nun einmal ist, die Blume im Verhältnis zu einem Sturm zu zerbrechlich ist und weil sie die Naturgesetze nicht macht. Aber sich ihnen beugt.

Weil sie immer noch vollkommen ist, auch wenn sie abgebrochen, verdurstet, zerrissen, erfroren oder verhungert ist. Weil sie eine Seele hat.

Und alles irgendwie auf seine eigene Art und Weise vollkommen ist, was eine Seele hat.

Aber vor allem, weil sie trotzdem schön ist. Man müsste nur jemanden finden, der sie genau dann schön findet, nachdem der Sturm über sie hinweg gefegt ist und alles zerstört scheint.

Und ganz vielleicht wird der leichte Wind, der immer nach so einem Sturm zurückbleibt, tausend kleine Samen hinfort tragen und das Spiel des Lebens, des Fressen und Gefressenwerdens, kann von neuem beginnen. Weil es das sowieso tun wird. Ungeachtet einer einzelnen Blume. Und eigentlich auch genau wegen ihr.

Nur wer die Schönheit in wirklich allem finden kann, der hat das Leben wirklich begriffen.

Wieso finden? Weil das Leben immer eine ewige Suche ist. Und bleibt.

Warum klingt das ganze Gerede von der Sinnsuche, dem Leben als Reise immer so abgedroschen? Ich glaube, ich kenne die Antwort.

Weil sich schon so viele Menschen zuvor genau die immergleichen Fragen stellten und stellen, vor den genau immergleichen Problemen standen und stehen.

Es ist immer dasselbe. Und anstatt, dass wir einfach aus den Fehlern der Anderen lernen, was einfacher und schneller gehen würde, müssen wir alles selbst erleben, um es wirklich zu begreifen! Das wiederum bedeutet: SO. VIEL. ARBEIT!

### 10.03.2011, 23.59 Uhr, Die Pest der Neuzeit, der Schwarze Tod des 21. Jahrhunderts

Ich habe solchen Hunger ... Ich könnte mir meine eigene Hand abbeißen und aufessen ...

Gerade ist Nina auch abwesend. So wie ich. Ich habe nicht einmal mehr die Energie, mich im Bett umzudrehen. Eigentlich nicht einmal mehr, um das hier zu schreiben.

Ich weiß nicht wie ich weiter durchhalten soll. Irgendwann erreicht man einen Punkt, an dem der Körper anfängt, nur mehr um das bloße Überleben zu kämpfen. Ein Punkt, an dem der Selbsterhaltungstrieb fast die Überhand gewinnt. Ich fürchte mich vor dem Moment, wenn ich mich, blind alles Essen in mich rein stopfend, auf dem Fußboden vor dem Kühlschrank wiederfinden muss. Fast denke ich, mein Körper könnte sich von meinem Verstand lösen und handeln, entgegen meines eigentlichen Willens.

Und um den geht es mir doch, meinen Willen.

Ich habe alle erdenklichen Methoden und Strategien ausprobiert, um endlich Herr meiner Emotionen, Herr über mich selbst in dieser Welt zu werden und nichts, aber auch nichts half. Und so ließ mich das Leben am Ende mit nichts als mir selbst als Waffe und Werkzeug zurück. Und ich denke, das ist auch gut so. Jetzt geht es um alles oder nichts. Man kann einem Menschen alles nehmen, man kann ihn in Folter und Armut zurücklassen, aber wenn er seinen Willen und sich selbst nicht verliert, dann wird ihn nichts und niemand brechen können. Keine äußeren Umstände, nichts, das von Außen kommt, nichts, das kein Teil von ihm ist.

Auf das Mindeste, das ich jetzt bin, reduziert, werde ich meine (Willens-)Stärke wiederfinden, überhaupt erst einmal finden. Entweder ich sterbe am Ende oder aber nur das Schlechte in mir. Hört sich irrwitzig an. Sogar für mich. Aber so ist das Leben.

Ihr fühlt euch so sicher, in euren Wohnzimmern und Autos, mit eurer täglichen Routine, so sicher, dass ihr Menschen beinahe vergesst, dass das Leben, die Natur an sich immer noch ein Kampf um Leben oder Tod ist und bleiben wird. Und nur weil ich kein Erdbeben überleben muss, die Gefahr also von Außen kommt, heißt das nicht, dass mein Kampf nicht genauso fatal enden kann. Ich kämpfe gegen etwas viel Schlimmeres, etwas, dem wir uns alle einmal, nachdem wir alle äußeren Herausforderungen gemeistert haben, stellen müssen: Uns selbst.

Ich brauche diesen Sieg. Unbedingt. Alles in mir windet und sträubt sich und ich würde diesem starken, übermächtigen Gefühl des Hungers am liebsten entgehen, ihm nachgeben, aufgeben. So wie ich auch schon als Kind niemals lange irgendetwas ausgehalten habe.

Besonders nicht die schlimmen Ereignisse. Weil ich es einfach nicht konnte. Weil ich nicht wusste, wie.

Wer noch niemals echten Hunger verspürt hat, hat keine Ahnung, wozu er Menschen bringen kann. Aber dann kann ich es wieder hören, das leiser gewordene Flüstern, welches mir verspricht: *Bald, bald ...*

Und ich denke, *ich kann nicht, es geht nicht mehr* – ich wälze mich auf meiner Matratze hin und her, schreie stumm ins Kissen: *Nicht aufgeben, bloß nicht aufgeben, geh jetzt bloß nicht nach unten in die Küche, wenn du schon nicht mehr laufen kannst, dann bleibst du eben so lange liegen, bis du dich wieder im Griff hast.*

Ich habe Angst, dass Nina mich verlassen hat und das, obwohl sie noch nicht einmal

richtig da war. Meine Kopfschmerzen lassen nicht nach und überhaupt fühlt sich mein ganzer Körper angespannt an, verkrampft.
Ich denke: *Du könntest rausgehen, mit Sahid, der dir schon seit deiner Entlassung aus der Psychiatrie hinterher rennt. Du könntest essen, Hotdogs, Schweinebraten, Würstchen, Mangos, Cheeseburger mit extra Käse, Frühlingsrollen. Du könntest es noch einmal versuchen, einfach eines der Mädels aus deiner Klasse zurückrufen und ausgehen, zurück zu deiner Ausbildung kehren, dich noch mehr anstrengen ...*
„SCHWACHSINN!" Jetzt schreie ich wirklich.
Ich bin wütend, wütend auf mich selbst und meine naiven, dummen Hoffnungen. Die mich am Ende nur noch tiefer fallen lassen werden. Ich bin wütend, weil ich mir meiner Verantwortung bewusst bin und meiner Entscheidung, meiner Wahl, die eigentlich gar keine ist und wahrscheinlich auch nie eine war. Die Wut ist gut, sie rüttelt mich wach und ich weiß, dass ich nicht essen werde, nicht aufgeben werde. So viele Jahre über habe ich es getan, mein Leid wurde nicht weniger, das meiner Familie auch nicht.
Und ich sehe mir die Menschen an, die täglich ihr ganzes Leid beklagen, die davon reden, sterben zu wollen, die ihr Leben hassen – aber nichts ändern, nichts tun (egal wie). Sie bekunden ihre Qualen, aber erhalten dennoch ihren Körper am Leben. Auf der Couch sitzend füttern sie ihre Körper mit fetttriefendem Fastfood und ihren Geist mit sinnlosen Nachmittagstalkshows und schlechten Pseudo-Dokus. Wie Parasiten, die die Erde vergiften, keinen Nutzen haben, aber trotzdem da sind. Ganz zu Schweigen davon, dass dieses sinnlose Ausharren sich doch zu einer einzigen quälend langweiligen Tortur entwickeln muss, für den Menschen selbst, meine ich.
Die Pest der Neuzeit, der Schwarze Tod des 21. Jahrhunderts, sozusagen.
Wo die Menschen früher teils vor lauter Arbeit und Armut gar keine Zeit hatten, über den Verlauf und Sinn ihres Lebens nachzudenken, wo es klare Rollenverteilungen und Strukturen gab, wo Bauern noch Bauern und Könige noch Könige waren, da herrscht heute eine Leere, die verzweifelt versucht wird, mit allem möglichen zu füllen, wie etwa Konsum, Ansehen und Status – nur nicht mit dem Sinn selbst. Eine Hommage an die Orientierungslosigkeit, eine Nation voller Verwirrter und Verirrter.
All das klingt bitterböse und ich weiß, dass ebenso das exakte Gegenteil davon gegenwärtig ist, die Schönheit des Lebens, das Geschenk des Lebens an sich. Und weil ich das weiß, konnte ich mir auch anmaßen einen solch entscheidenden Schritt zu gehen. Und ich spreche hier von der gravierenden Entscheidung, hier zu bleiben oder zu gehen. Die Entscheidung, die Wahl, die eigentlich keine mehr ist. Weil ich das Spiel jetzt zu Ende bringen muss.
Ich laufe blindlings mit dem Kopf voraus gegen die Wand und bin mir dessen völlig im Klaren. Ich werde diese Wand, die mich solange zurückgehalten hat, durchbrechen, egal wie.

Obwohl das Yang existent ist, kenne und vor allem *er*kenne ich auch das Yin.
Mein Ziel ist die neutrale Linie dazwischen.

*... Dein Ziel ist es, es diesmal richtig zu machen. Du willst gehen. Du weißt, dass du nur noch diese eine Chance hast, du weißt, wenn dein nächster Versuch scheitert, verbringst du die nächsten Monate deines Lebens hinter Gittern, in der geschlossenen Psychiatrie. Du willst sterben ... Nun gut, dein Wunsch sei mir Befehl!*
*Lasset Jane, das hilflose Menschenkind, sterben!*

Solange hat niemand meine Gedanken gehört und wenn er es hätte, so würden sie bestimmt einem Tinnitus gleichen. Also warum soll ich sie jetzt laut werden lassen, die Gedanken?
Wenn es auch nur auf Papier ist.

### 14.03.2011, 16.00 Uhr, Kommunikationsprobleme

Ich sitze in meinem Schlafzimmer auf meinem Bett (Matratze) und starre auf den dunklen, fleckigen Fußboden. Ich finde einige Gesichter darin wieder und hauptsächlich Eulen.
Etwa zehn Zentimeter nordwestlich vom Ende meiner Matratze findet sich zum Beispiel „der lächelnde Pharao". Ich sollte direkt neben die Bilder ihre Bezeichnung schreiben.

*... Solltest du nicht.*

Ich überlege, welcher Stift wohl geeignet für einen Fußboden ist, auf dem ständig jemand mit Socken herumrutscht – verwerfe den Gedanken und ersetze ihn durch einen Neuen: Man müsste die Namen schon mit einem Messer einritzen um sie dauerhaft zu verewigen.

*... Untersteh dich, du Verrückte!*

Meine Augen bleiben an „fetter, trauriger Panda sagt Hi" hängen und Eule XV durchbohrt mich mit ihrem weisen Blick, hält meinem Stand. Sie erinnert mich an ein Bild, welches ich zu meiner Grundschulzeit im Kunstunterricht gemalt habe. Das Bild wiederum erinnert mich an ein Schlüsselerlebnis, welches deutlich mein kleines „Kommunikationsproblem" mit meinem Umfeld veranschaulicht. Ich glaube, ich kann es sogar eins zu eins wiedergeben. Dazu muss man wissen, dass ich als Kind eher

extrovertiert war, woraufhin mein Umfeld mit subtilem Widerstand, sprich der Aufforderung, mich gefälligst anzupassen, reagierte. Woraufhin sich meine anfängliche Offenheit in beobachtende Zurückhaltung verwandelte, bis schließlich alles in der andauernden Angst zu versagen, gipfelte. Soviel zur Kurzfassung.
Jedenfalls stellte ich gerade das Bild einer, wie ich damals fand, wirklich hübschen Eule fertig, als die anderen plötzlich (ich war unvorbereitet, weil so sehr in mein Bild vertieft) an meinen Tisch kamen und anfingen mein kleines „Meisterwerk“ zu bewundern, mit den Worten: „Woah, sieht die echt aus!“ Ich war soviel „positive Resonanz“ von meinen Mitschülern nicht gewohnt und wollte keinesfalls arrogant oder selbstgefällig erscheinen.
Was tue ich also, anstatt mich freundlich für die Komplimente zu bedanken, vielleicht untermalt mit einem netten Lächeln? Genau, das exakte Gegenteil. Ich fauche sie mit den Worten: „Jaaa, passt auf, sie (die Eule) springt euch gleich an!“ an, was meiner Logik nach nichts anderes bedeutete als: „Ich will nicht überheblich klingen, wenn ich mich bei euch für das Kompliment bedanke, was wiederum einer Zustimmung in Bezug auf das Echt-Aussehen meines Bildes gleicht, was somit Eigenlob wäre und Eigenlob stinkt, Leute.“ Auf den Gedanken, dass sich kein normaler Zweitklässler überhaupt die Mühe machen würde so weit und kompliziert zu denken, kam ich erst gar nicht. Ein banales Beispiel und doch ist es mir in Erinnerung geblieben, als wäre es erst gestern gewesen. Und das nicht ohne Grund, wie ich finde.
Ich entdecke eine Art Unterwasser-Geist, der mich mit verstörendem Ausdruck mustert. Gleich daneben ist eine Hand mit einem Auge darauf. Und dann, etwas weiter links, noch ein Gesicht. Eine junge Frau sieht mich an. Aber etwas an ihrem Gesicht stimmt nicht. Sie sieht ziemlich schlecht aus. Sie sieht aus wie jemand aussieht, der nach langer Krankheit aufsteht, sein Bett verlässt und vor das Fenster ins Licht tritt. Aber als ich ganz nah hingehe, entpuppt sich die Frau eher als irrer Tintenfisch-Alien. Und ich beschließe, falls mich die Langeweile mal so dermaßen erwischt und ich tatsächlich die Namen all der neuen Wesen in den Fußboden ritzen sollte, ich würde ihren Namen vergessen, den Fleck einfach auslassen.

Und letztendlich bringt mich all dieser sinnfreie Mist auf den sinnvollen Gedanken, dass die Welt um uns herum eben doch vielmehr die reine Projektionsfläche ist. Voller übertragener Gefühle, verknüpfter Eindrücke, vorbehafteter Empfindungen – auf jeden Fall eine Menge parteiischer, vorbelasteter Eindrücke. Und diese können vielleicht sogar unsere Wahrnehmung verändern, vielleicht unwiderruflich. Ich weiß, dieser Gedanke an sich ist kein Neuer, allerdings trägt er wesentlich zu meiner allgemeinen Verwirrung bei.
Obwohl der Körper kurz vorm Knock-out steht, scheinen sich die Gedankengänge in meinem Gedankenlabyrinth nur noch weiter zu vermehren, wie eine besonders

giftige, extrem intelligente Heckenart vermehren sich die Wege, sie verzweigen sich und wachsen.
Die Hecke ist hoch, so hoch, dass sie, betritt man erst einmal das Labyrinth, alles verdunkelt und in ein trübes Dämmerlicht hüllt. Sie besitzt Dornen, die nur darauf warten, dir die Arme und Beine zu zerkratzen und Löcher in dein wunderschönes Kleid zu reißen!

*... Verlier dich nicht just im dem Moment, in dem du von eben jenem Gedankenwirrwarr sprichst, im selbigen, Kindchen ...*

Aber genug abgeschweift, man muss diese scheinbare Tatsache der Gedankenvermehrung akzeptieren und aushalten. Und ich muss wirklich sagen, das Wort Aushalten spukt in letzter Zeit ziemlich häufig in meinem Kopf herum ...

## 14.03.2011, 11.44 Uhr, Das perfekte Haus

Als ich etwa drei oder vier Jahre alt war, baute ich auf dem Fußboden in der mir damals riesig erschienenen Küche meiner Menscheneltern ein Haus aus Legosteinen. Meiner Ansicht nach war es das perfekte Haus. Es gab sogar eine Terrasse auf dem Dach, von der aus ich die Sterne sehen könnte. Ein potentiell guter Ort, um darin (später einmal) zu leben, wie ich damals dachte.
Und genau so komme ich mir jetzt vor, wenn ich auf unserer Steintreppe sitze und den Flur betrachte. Der türkise Stuhl wirkt wie aus einem Puppenhaus, dekorativ auf einem stark gemusterten Teppich platziert. Jeder Schrank, jede Vase wirken so surreal, so aufdringlich, so arrangiert. Irgendwie fremd. Ich komme mir selbst auch vor wie in einem Puppenhaus, welches vor langer Zeit auf dem Dachboden vergessen wurde und seither verstaubt.
Kein potentiell guter Ort, um darin zu leben.
Dies ist nicht mehr dieselbe Küche, wie sie es damals war, als ich drei oder vier war. Dies sind nicht mehr dieselben Menschen. Jener Gedanke erschreckt mich. Dieser Ort hier ist nur nach das Negativ, das Originalfoto ist zerrissen und verbrannt worden.
Eigentlich versuche ich gerade ein Gefühl zu beschreiben. Und es hat jetzt auch einen Namen:
Unsicherheit. Ich fühle mich nicht mehr sicher hier. Und genau das wird mir heute auf so eindringliche Art und Weise bewusst. Wann habe ich mich überhaupt das letzte Mal irgendwo sicher gefühlt? Einmal nicht so, als wäre die Welt aus Porzellan und könnte jeden Moment, jede Sekunde in tausend Einzelteile zerspringen?

*Ur-Familie, Zuhause*

*Am Fenster*

*Lieblingsbaum*

*Mein altes Kinderzimmer*

*Ein sicherer Ort in meinem Kopf*

*Mond Obsession*

## 15.03.2011, 18.00 Uhr, Eine neue Grenze

Es ist etwas Erstaunliches mit mir geschehen.
Nach dem vierten Mal Cardiotraining heute war ich völlig am Ende. Ich wusste schon gestern nicht mehr, wie ich so die Nacht überstehen sollte, geschweige denn den morgigen (heutigen) Tag. Ich hatte Schmerzen ohne Ende, während ich mich zwang, weiterzulaufen. Und plötzlich geschah etwas Überraschendes. Ich überschritt merklich eine Grenze.
Wie in Trance liefen meine Beine einfach weiter, blieben immer im selben Rhythmus, ich war immerzu auf einen bestimmten Punkt vor mir fixiert. Meine Schmerzgrenze – die Grenze des Aushaltbaren – war längst überschritten. Aber ich spürte nichts mehr davon.
Trotz Nahrungsentzug und meiner vorhergehenden Unsportlichkeit bzw. körperlichen Untätigkeit hat sich meine Kondition um einiges vervielfacht! Und nicht nur das – auch hier werden soeben die letzten Grenzen gesprengt, damit sie meinem Ziel Platz machen können.
War ich dafür wirklich schon bereit?

*... Hättest du es denn so, wie es zuvor war, noch länger ausgehalten?*

„ Ein ganz klares Nein."

*... Dann warst du bereit dafür.*

## 17.03.2011, 23.00 Uhr, Der Garten mit den Obstbäumen

Als ich gestern Abend im Bett lag, dachte ich wirklich, ich überstehe die Nacht nicht. Und das war kein schlimmes Gefühl. Ich lag auf der Seite, bereit endlich einzuschlafen, doch jedes Mal, wenn ich die Augen schloss, überkam mich heftiger Schwindel. Also blieb ich eine Weile so liegen, mit zwar geöffneten Augen, aber verschwommenem Blick und wartete darauf, dass sich mein flatternder Herzschlag wieder normalisierte.
Ich selbst war ganz ruhig, aber mein Herz raste. Ich hasse das Geräusch meines eigenen Herzschlags. Es bringt meine Nackenhaare dazu, sich aufzustellen.
Also versuchte ich das widerliche Klopfen zu ignorieren und stellte mir vor, ich läge auf meiner Matratze inmitten einer Wiese im Sommer. Es ist Nacht und ein kühlender Wind weht durch die vielen Obstbäume hier. Es ist nicht nur eine Wiese. Es ist mein Garten. Wenn ich mich auf den Rücken drehe, kann ich den sternenklaren

Himmel über mir sehen. Drehe ich mich zur Seite, kann ich das noch immer von der Sonne warme Gras riechen. Einige, vereinzelte Vögel zwitschern noch hier und da, ansonsten ist alles ruhig, friedlich, in meinem Garten. Ich kann die Veilchen, die neben meinem Baum in meinem Garten blühen, beinahe berühren ...
Ich hielt das Gefühl fest und so schlief ich doch noch ein.

### *19.03.2011, 14.14 Uhr, ... ein Mensch werden*

Ich liege auf dem Bett mit dem Laptop auf meinen Oberschenkeln und tippe irgendetwas. Plötzlich, da ist es wieder, dieses fremde Gefühl. „Was mache ich hier eigentlich ... so fühlt es sich also an, wenn man tippt ..."

*Du warst die pure Neugier, ein Kind. Bevor du hierher, in diese Welt kamst, meine ich. Du hast die Menschen von hier oben aus beobachtet und dich die banalsten Dinge gefragt. Wie es wohl sein würde in einen Apfel zu beißen etwa oder aber, wie sich die Energie der Sonne auf greifbarer, echter Haut anfühlen würde. Wie es sein würde, deine ersten Wörter, Sätze zu bilden und aufzuschreiben. So vieles wolltest du erleben.*

Heute Morgen führte ich ein Gespräch mit meiner Mutter über Verantwortung und Einsichten. Und mein Gefühlszustand war teils manisch, teils down und alles in allem war ich eher fahrig und aufgekratzt. Ich saß meiner Mutter gegenüber und bemerkte plötzlich, dass sich meine Wahrnehmung veränderte. Die Kontraste wurden etwas schärfer, mein Blick tiefer und irgendwie klarer. Aber dieser Zustand bzw. diese „Optik" unterscheidet sich von der sonstigen leichten Depersonalisierung, die ich mit 14, wenn ich mich recht erinnere, mit den Worten „als versinke mein Blick in dem Objekt oder der Person, die ich gerade ansehe" beschrieben hatte.
Es ist, als ob Elektrizität in der Luft läge, kleine umherschwirrende, aufgeladene Teilchen, die möglicherweise ein Gewitter ankündigen, Vorboten eines Sturmes. Ich hoffe inständig, der Sturm wird diesmal seine Grenzen kennen – wenn ich schon die Meinen nicht kenne – und nicht außerhalb Chaos und Verwüstung anrichten.
Wenn ich eines eingesehen habe, dann zumindest, dass es im Angesicht einer solchen Naturgewalt nichts bringt, wenn man hysterisch versucht, irgendetwas auszurichten. Also werde ich versuchen, so gelassen wie möglich zu bleiben und mir darüber keine Gedanken mehr zu machen. Warum auch ...

Ich muss endlich mein Bild fertig stellen, das Bild, welches mir seit Tagen nicht aus dem Kopf geht. Es ist eine Art Drang, ich will es malen, bevor es möglicherweise für immer verschwindet. Ein Bild von einem meiner wunderschönen, sicheren Orte in meinem Kopf.

Aber neben allem, was momentan mit mir geschieht, bemerke ich eine weitere Veränderung.
Etwas geschieht mit mir. Ist es das niedere, primitive, instinktgesteuerte Wesen, dessen Anblick ich hasse, aber nun mit aller Gewalt versuche zu werden?

*Sprichst du etwa davon, ein ganzer Mensch zu werden, Kindchen?*

Und zwar mit solch roher Gewalt, wie noch nie zuvor?
Oder ist es das kalte Herz, das man vor Jahren tief in der Erde begraben und längst betrauert hatte, welches nun in einer stürmischen Nacht anfängt zu schlagen, wie durch Zauberei?
In was verwandle ich mich? Geschieht überhaupt etwas?
Noch ist diese Wandlung zu leise, zu heimlich, als dass sie sich einfangen und analysieren ließe, wie ein Schmetterling etwa, aufgespießt, betrachtet, in einen Schaukasten gepackt.
Und doch schwöre ich, wenn ich diesen Schmetterling sehe, ihn erkenne, ihn sogar einfangen kann, seine Leiche wird ganz bestimmt nicht die nächsten hundert Jahre in einem Schaukasten verbringen. Er wird leben. Die *Wandlung* wird leben, atmen, verfliegen, wiederkehren und sterben. Wer wäre ich auch, wenn ausgerechnet ich ihr das verbieten wollen würde?
Jemand ziemlich Törichtes auf jeden Fall.
Solange man den stetigen Wandel (in egal welcher Beziehung und in egal welcher Hinsicht) akzeptiert, die Metamorphose als solche erkennt und den richtigen Zeitpunkt abpasst, um auf den fahrenden Zug aufzuspringen, kann man doch gar nicht so viel falsch machen, oder?

### 20.03.2011, 05.05 Uhr, Im Rhythmus bleiben

Ich atme. Atme den Schmerz einfach weg. Bei jedem Schritt, den ich laufe, bei jedem Stechen atme ich tief ein. Ich lasse den Schmerz gar nicht erst bis zu meinen Beinen kommen. Alles was ich tun muss, ist mich auf die Luft zu konzentrieren, die durch meine Lungen strömt. Alles was ich tun muss, ist im Rhythmus zu bleiben. Es ist leicht. Ich könnte bis zum Ende der Welt laufen.

Mein Vater ist mit Leib und Seele Fernfahrer.

Er liebt die Welt, andere Länder, die Weite und das Gefühl, nützlich zu sein. Ich habe ihn oft als Kind begleitet und daran, wie er fährt, wie er sich sicher in dieser Welt bewegt, erkenne ich, dass diese Welt die Seine ist. Es sind seine Straßen, auf denen er sich bewegt, seine Wege. Und seit diesem Augenblick wünsche ich mir, ich könnte mich auch einmal in dieser Welt so bewegen, als wäre es die meine. Mich so fühlen, als gehöre ich hier hin und der Weg auf dem ich gehe, zu mir. Dann könnte ich wirklich bis zum Ende der Welt laufen. Wenn es eines gäbe.

*Und du dich nicht schon längst an eben jenem befinden würdest ...*

### 20.03.2011, 23.08 Uhr, Eine perfekte Illusion

Mein Blick fällt auf meinen schwarzen Fernseher. Mein Laptop steht genau gegenüber, die Ballerina, die meinen Hintergrund ziert, spiegelt sich im schwarzen Bildschirm. Sie scheint sich immerzu zu drehen. Eine perfekte Illusion.
Die Luft ist von Spannung erfüllt, ich bin zu aufgekratzt, um überhaupt nur an Schlaf zu denken. Dabei bin ich wortwörtlich seit halb 5 Uhr morgens auf den Beinen, müsste todmüde sein. Ich überlege, noch eine Runde laufen zu gehen. Allerdings würde es so nur noch länger dauern, bis ich einschlafen könnte und außerdem gibt es ja noch eine Aufgabe, die ich erledigen muss, einen Auftrag. Etwas, das eigentlich eine beruhigende Wirkung haben sollte: Malen. Aber nicht, wenn man ein Perfektionist unter Druck ist, so wie ich. So viele unglaublich schöne Bilder in meinem Kopf, die nur darauf warten, im Affekt auf die Leinwand gepinselt zu werden. Stundenlang, die ganze Nacht hindurch. Bis sie dann endlich perfekt sind. Zumindest für den Moment.
Und ausgerechnet ich soll mich hinsetzen und ein Bild akribisch planen? Vermessen? Meine Motivation sinkt, aber ich versuche, nur an das Endergebnis und die Chance zu denken, eines meiner geistigen Bilder mithilfe einer Leinwand und Farbe zu manifestieren. Vor allem, weil es doch einen Teil meines Traumes darstellen wird.
Ich habe viele solcher Träume. Sie sind wunderschön. Ich habe immer versucht, sie auf Leinwände zu bannen. Damit sie nicht verloren gehen, so wie ich.

### 21.03.2011, 07.05 Uhr, Frühlingsanfang

Wenn ich esse, träume ich von dem, was mir der Hunger verspricht, von der Fähigkeit auszuhalten. Gefühle auszuhalten.
Wenn ich hungere, träume ich vom Essen, dem Gefühl restlos vollgestopft zu sein,

einfach nur nachzugeben, mein kleines schwaches Menschen-Ich zu akzeptieren und ihm mit Ekel und Faszination gleichzeitig beim Hinunterschlingen zuzusehen.
Anfänglich sollte das Hungern alles beiseite drängen, damit nur noch der Hunger selbst Platz in meinen Gedanken findet. Um den irgendwann Schmerzen verursachenden Hunger zu lindern, kam der massive Sport hinzu. Und um das alles durchzuhalten, folgte ihm der Zwang. Unglaublicher Zwang. Zwang, der nur durch Bestrafung ausgeführt werden konnte, wirksam wurde. Wobei wir jetzt wieder zu den Anfängen zurückkehren, den unglaublichen Neurosen, denen ich eigentlich entgehen wollte. Alles in allem ein Paradebeispiel für einen Teufelskreis. Nur dass ich jetzt ganz allein diejenige bin, die mich für mein Verhalten straft. Wird das Strafen dadurch erträglicher? Nein.
Schmerzen, die Bestrafungen, deshalb weniger schlimm? Auch nicht.
Aber es ist irgendwie weniger demütigend.
Nur eines hat sich seitdem geändert: die Intention, die mich zum Hungern bringt.
Meine einzige Waffe ist mein Wille und meine einzige Munition ein Traum.
Mein Traum.

*Der Traum vom Leben?*

Immerhin.
Ich bemerke schon den ganzen Tag über „leichte Panikwellen“ und habe schon fast damit gerechnet, dass sich eine dieser Wellen zu einer Freak Wave auftürmt und alles um mich herum mitreißt. Aber jetzt, nach meiner 30-minütigen An-die-Wand-Starren-Meditation, spüre ich durchaus noch die Unruhe des Wassers, in dem ich mich befinde, aber ich denke, ich habe keine größere Panikwelle zu befürchten.

*Soviel zum Wetter, ich gebe ab zu Joe mit dem Sport ...*

## 21.03.2011, 13.33 Uhr, Kontrolle?

Meine „Optik“ ist anders. Mein Zeitgefühl oder Interesse für die Umwelt scheinen heute gleich Null gewesen zu sein. Ein (ziemlich) großer Teil von mir scheint schon längst ganz woanders zu sein. Nun gut, man könnte es auf die Raucherei schieben, aber erstens kiffe ich schon seit Jahren, das heißt meine Toleranz hat sich enorm erhöht, und zweitens habe ich so etwas normalerweise nicht. Und was die möglicherweise auftretenden Langzeitschäden von Cannabis angeht, die einige Menschen bestimmt am liebsten sofort predigen würden, dazu fällt mir nur soviel ein: Es gibt bei weitem Gefährlicheres, ich spreche aus Erfahrung. Die Folgen all der Psychopharmaka, mit denen man Leute wie mich so vollstopft, sind bei weitem schlimmer.

Mein Körpergefühl ist über die Jahre durchaus besser geworden, das bemerke selbst ich.
Auch mein Wissensstand über die menschliche Psyche stieg damit und deshalb ordne ich es einfach mal unter „angehende psychotische Phase" ein. Weiß man erst einmal was es ist, fühlt man sich sicherer. So als hätte man noch ein bisschen Kontrolle darüber. Hätte.

### 21.03.2011, 16.00 Uhr, Endzeitstimmung

Ich habe herausgefunden, wie man auch noch den letzten Tropfen Saft aus der Orange, in dem Fall mir, herauspressen kann.
Anders ausgedrückt, wie ich sogar jetzt noch ein Weilchen funktionieren kann.
Ich brauche nur etwas, das stark genug ist, etwas, das ich unbedingt will.

*... Du willst, dass sie glücklich sind. Du willst deine Familie endlich glücklich machen.*

„Ja."

Ein irrwitziger Gedanke lässt mich glauben, ich könne es letztendlich doch noch schaffen, perfekt zu werden. Mit aller mir zur Verfügung stehenden Kraft werde ich mir auf gut Deutsch gesagt „den Hintern aufreißen", um ihnen im letzten Atemzug doch noch das zu geben, was sie sich immer gewünscht haben. So perfekt zu sein, dass ihnen die Augen davon wehtun würden ...
Mehr kann ich nicht tun. Der Gedanke an sich klingt aufgeschrieben genauso lecker, wie er sich für mich anfühlt. Für mich schmeckt er gerade nach purem Zucker. Und immerhin bringt er mich dazu, mir erneut den Wecker auf 4.30 Uhr zu stellen. Damit die Spiele von Neuem beginnen können. Und ich werde spielen, ich werde kämpfen, bis zum bittersüßen Ende, das wahrscheinlich ziemlich abrupt verlaufen wird.

*So so ... scheinbar nichts, wofür es sich zu leben lohnt, aber gerade daraus die meiste Kraft schöpfen ... Interessant, Kindchen.*

Meiner Erfahrung nach: in den meisten Fällen jedenfalls nicht so wie gedacht.
Ich erkenne wiederkehrende Situation aufgrund ihrer Nervigkeit sehr schnell als solche und gerade deshalb merke ich, dass neben der Endzeitstimmung dieses Mal einiges anders ist. Dieses Mal habe ich Unterstützung. Solange ich aber nichts Konkretes über jene Wandlung berichten kann, solange versuche ich sie auch aus meinem Kopf zu verbannen.

Und zu guter Letzt noch etwas weniger Lustiges. Um mein „Funktionieren" zum Funktionieren zu bringen, muss ich gerade einen zweiseitigen Tagesplan für morgen schreiben. Ich bin wirklich am Ende, oder?

*Jane, nur für andere leben reicht leider nicht aus. Es ist nicht genug Antrieb für die gewaltige Urkraft, genannt dein Wille. Es ist nicht genug, um dein volles Potential auszuschöpfen. Hast du denn gar nichts aus deiner Vergangenheit gelernt?*
*Es muss etwas sein, das nur aus dir selbst kommt, wofür du nichts und niemanden brauchst, außer dich selbst. Wie jedes andere Menschen-Wesen auch, wurdest du gemacht um, zu kreieren! Also kreiere, schaffe, aus dir selbst heraus. Mit deinen eigenen bei deiner Geburt gegebenen Werkzeugen.*

### 21.03.2011, 18.12 Uhr, Weit weg, das Geheimnis, meine Entscheidung zu gehen, an solchen Tagen ...

Um meinen Gefühlszustand für eine später enorm wichtige Reflexion zu beschreiben, bräuchte ich schon eine außenstehende Person, die mir sagt, wie ich mich gerade zu fühlen habe ... Eines aber kann ich sagen: Es tauchen viele längst vergessen geglaubte Sequenzen aus meiner Kindheit auf, wie Flashbacks.
Eigentlich sind es schöne Bilder. Sie kommen urplötzlich, ich mache irgendetwas und sie überfallen mich. Zu den Erinnerungen gehören auch immer damit assoziierte Gefühle, die dann eben erneut abgerufen werden können. Dies ist einer der Gründe, warum ich sie so liebe und brauche, weil sie helfen, etwas, was einem sonst wie Sand durch die Finger rinnt – Gefühle nämlich – zu binden. Man kann sie sammeln und aufheben. Für schlechtere Zeiten zum Beispiel.

Ich bin nervös. Als ginge von weiß Gott was irgendeine Bedrohung aus. Ich bin wirklich schreckhaft geworden. Bei jedem Geräusch zucke ich zusammen, wirklich peinlich.
Ich bemühe mich, rauszugehen, unter Menschen zu gehen. Und dennoch sage ich eine Verabredung nach der anderen ab oder schieße Kerle in den Wind, die sich eigentlich total lieb um mich bemühen.

*„Lieb ... bemühen ... ich will gar nicht, dass sich irgendwer um mich bemühen muss! Es ist nicht meine Schuld, dass sie es trotzdem tun ...!"*

Ich glaube, ich bin gerade einfach zu sehr in Watte gepackt. Es ist, als laufe ich mit einer Glasscheibe vor dem Gesicht durch die Gegend, an der alles abprallt. Die Um-

risse der Menschen lässt sie unscharf werden, die Stimmen leiser. Es gibt nur mich, Musik in meinem Kopf, die niemand außer mir hören kann, meinen Atem und mein viel zu laut pochendes Herz.
Um mich herum ist das Leben.
Die Menschen, die Läden, die mich nervtötend anhupenden Autos, einfach nur das Leben.
Es ist nur um mich herum. Nicht in mir. Ich kann es normalerweise weder fühlen, noch daran teilhaben.
Ich glaube, ich konnte es mal, als ich ganz klein war. Jetzt gibt es nur noch mich und den von mir erschaffenen Mikrokosmos in meinem Kopf. Ich bin einfach zu weit weg. Vielleicht lässt es sich eher mit einer Art Zwischenebene beschreiben. Und zu der kann ich nur folgendes sagen: Es ist verdammt neblig hier!

## 21.03.2011, 21.00 Uhr, Feenstaub und Ketten

Ein Geheimnis zu hüten ist schön.
Ein Geheimnis verspricht Sicherheit.
Ein Geheimnis kann dich beflügeln, wie Feenstaub, der über dich gestreut wurde.
Es kann fragil sein, es kann irrsinnig, unnatürlich, falsch, vollkommen verrückt sein.
Meistens aber legt es uns unnötige Ketten an.
Meines ist sogar gefährlich, rücksichtslos, schmutzig.

Und das schreibe ich, weil ich mich gerade in diesem Moment alles andere als wohl mit meinem Geheimnis fühle. Weil es auf mir lastet wie das Meer, und die Wellen sich weiter um mich streiten, mich hin und her werfen, von einer Seite auf die andere, mir zeigen, was wäre wenn ...

*... Du könntest leben.*

„Wie?"

*... Du könntest.*

Aber wie viele Tode soll man denn noch sterben, ehe sich wirklich etwas ändert?
Nur deinem Umfeld wegen? Ja, natürlich, für sie sollte man kämpfen. Unbedingt sogar.
Aber wenn man nicht einmal mehr das auf die Reihe bekommt, dann sollte man zumindest im letzten Zuge seiner Verantwortung als Mitglied dieser Gesellschaft

nachkommen und tun, was zu tun ist. Das ist jetzt emotionsloser geschrieben, als es tatsächlich gedacht wurde, ich erinnere mich genau an den Moment, in dem mir der Gedanke mit der Verantwortung zum ersten Mal kam, an das damit verbundene Fazit, den Druck, zu handeln.
Das Ganze ließ mich erst noch mehr verzweifeln, als ohnehin schon, aber die Verzweiflung wich glücklicherweise irgendwann der Einsicht. Viele können so einen Gedanken mit Sicherheit nicht nachvollziehen, aber wie heißt es so schön: „walk 1000 miles in my shoes“ ... dann erst kannst du über mich urteilen.
Ich ertrage es einfach nicht mehr. Die Enttäuschung meiner Familie, dass ich wohl momentan nicht im Stande bin den Pflichten in der Ausbildung nachzukommen. Ich sehe sie in ihren Gesichtern. Und ich bemerke sie an der Art, wie sie mit mir umgehen.
Meine Eltern jammern beide viel. Und es ist keinesfalls so, dass sie keinen Grund dazu hätten.
Dennoch lastet der ganze Druck auf mir, dass es „*uns* endlich wieder besser geht“, dass es bei „*uns* endlich wieder aufwärts geht“. Ihnen darf es schlecht gehen, mir nicht. Sie selbst bemühen sich nicht einmal mehr im Ansatz ihre Sorgen zu verbergen.
Gibt es Konflikte, so wird alles auf die kranke (Alibi-)Tochter geschoben. Natürlich, warum sollte man sich auch ausgerechnet auf meine Empfindungen verlassen, ich bin ja diejenige, die krank ist. Ich kann es wirklich nicht mehr ertragen, meine Mutter vor Enttäuschung wegen mir weinen zu sehen. Sie sagt zwar immer es sei wegen mir, aber ich glaube fast in Wirklichkeit betrauert sie ihr eigenes Leben und Sein.
Dieser Ort hier ist definitiv nicht mehr sicher, eine auf Trümmern aufgebaute Fassade, die bei dem kleinsten Luftstoß ins Wanken gerät. Luftstoß, wohlgemerkt.

*Der Hurrikan Jane erreicht in wenigen Stunden Deutschland. Bitte befolgen sie die Anweisungen ihrer zuständigen Kommune, was die bevorstehende Evakuierung sämtlicher grenznah gelegener Bundesländer betrifft. Die Regierung weist die Bevölkerung ausdrücklich darauf hin, Ruhe zu bewahren und nicht in Panik zu verfallen! Reisen sie nicht mit dem Auto, sämtliche Autobahnen sind überfüllt und wurden bereits von der Polizei gesperrt ...*

Ich weiß, wir sind alle erwachsen und sollten die derzeitige Situation so akzeptieren, wie sie ist. Wir sollten einander Freiräume lassen und trotzdem zeigen, dass wir füreinander da sind. Wir sollten uns gegenseitig Achtung zeigen, Respekt. Selbst ich habe genug Disziplin, um diesen Vorsatz so konsequent und fair wie möglich durchzuziehen. Warum also nicht auch sie?
Zumindest bei einer Sache habe ich mich durchgesetzt. Mein Vater versteckt jetzt nicht mehr meinen Schlafzimmerschlüssel bzw. den Badezimmerschlüssel. Wenigstens eine schützende Grenze lässt er mich nun behalten.

An manchen Tagen vereinnahmen sie mich total, ignorieren meine abwehrende Körperhaltung bei Umarmungen oder sind sauer, wenn sie bemerken, dass ich (auf freundliche, verständnisvolle Art) einfach gerade nicht möchte.
An anderen Tagen wiederum setzten sie mich absolut herab, behandeln mich wie eine Zwölfjährige. Sie sprechen sogar anders mit mir. Zwar nicht gerade in Babysprache, aber der Vergleich kommt gut hin. Absolut unheimlich!
An solchen Tagen komme ich mir vor wie der einzige Zuschauer einer billig produzierten Soap mit schlechten Laiendarstellern, in diesem Fall meine Mutter, mein Vater und meine immer irgendwie überaus präsente Oma.
Und in diesem Fall weiß ich wirklich nicht, ob ich dann etwa mitspielen soll? (???)
Ich meine ... vielleicht sehe nur ich das so. Aber ich finde dieses ganze Schauspiel ein wenig krank und vor allem ziemlich unangenehm.
Natürlich gibt es dann auch Tage, an denen exakt das Gegenteil der Fall ist. Sie behandeln mich wie eine Fremde, als wäre ich eine Bedrohung – irgendetwas Schlechtes. Und an solchen Tagen verfällt entweder meine Mutter irgendeinem Wahn (ich erinnere mich nur an den letzten Vorfall, als sie schreiend mit einem Kerzenleuchter und den Worten „Ich bring dich um, ich bring dich um" auf mich losgegangen ist). Oder es ist mein Vater, der sich mal eben vier Tage in seinem abgedunkelten Zimmer einschließt und mich einige Morgen mit der Angst und Frage, ob er noch lebt, aufwachen lässt.
Natürlich, einer inneren Verpflichtung nachgehend, will ich sofort klarstellen, dass meine Mutter nicht nur *so* ist, sie kann auch das exakte, wunderbare Gegenteil davon sein.
Ich glaube, am besten hätte ich mich einfach so ausgedrückt: *Es gibt Tage, an denen geht es einfach drunter und drüber und manchmal geht auch einfach gar nichts mehr.*
Eine Sorte von Tagen habe ich mir bis jetzt, bis zum Schluss, aufgehoben: Die Tage, die ich am meisten mag und für die ich wirklich dankbar bin. Normale Tage. An denen einfach alles routiniert und ohne größere Zwischenfälle abläuft, ein Tag mit stabilem Gemeinschaftsklima, welches sich nicht stündlich ändert. Niemand ruft den Notarzt, den psychiatrischen Notdienst, oder gar die Bullen. Keine Fenster, die irgendwann geschlossen werden müssen, weil das Geschrei zu laut wird, keine Tränen und Schuldzuweisungen, keine Schläge oder Androhungen. Viel eher ein Lachen aus der Küche, wenn wir gemeinsam das Abendessen zubereiten (wobei ich natürlich längst vorgeschlagen habe, es alleine zu machen).
Oder eine frohe Botschaft, dass es bei irgendwem irgendwo aufwärts und weiter geht, neue Hoffnungen, die in den Raum geschmissen werden wie buntes Konfetti, das die Gesichter zum Lächeln bringt. Toast mit Schinken und Ananas in der Nachmittagssonne und vielleicht ein Ausflug meiner Eltern in die Berge, so wie sie es früher immer getan hatten, der noch geplant werden muss. All das mag ich.

Und ich wünsche mir so sehr für sie, dass sie all das wiederfinden.
Aber ich bin 20, ich bin erwachsen und muss auch so handeln. Nicht feige oder egoistisch. Vernünftig, weil ausweglos. Das Wort Schadensbegrenzung geistert auch gerade in meinem Kopf herum ...

Ihr wolltet mich nicht und habt mir keinen Platz in dieser Welt gelassen. Weil ich nicht so bin wie ihr und ihr mir jeden Tag aufs Neue zeigt: Funktionierst du nicht, müssen wir dich brechen. Ich habe 20 Jahre lang verzweifelt versucht zu funktionieren und bin gescheitert. Lasst mich endlich meinen eigenen Weg finden und gehen. Vielleicht kann ich dann bleiben ...

## *22.03.2011, 04.04 Uhr, Was ich hier tue*

Manchmal glaube ich, ich verliere mein Selbst, mein Ich ... Meine gesammelten Gedanken müssen sich wie tausend durcheinander gekommene Seiten aus verschiedenen Büchern lesen.
Dabei ist es nicht einmal eine Geschichte, mit einem Anfang, einem Hauptteil und einem Ende. Es ist der verzweifelte Versuch, zumindest einen Teil von mir real werden zu lassen, auf Papier zu bannen und festzuhalten.
Dabei erzähle ich nicht, wie es letztes Wochenende auf der Grillparty von Tommy war, ich habe keine spektakuläre Entdeckung gemacht, die ich der Welt mitteilen muss, ich habe kein geheimes Tagebuch von Marilyn Monroe gefunden, dass ich veröffentlichen kann und ich schreibe von keinem Helden und seinen Gefährten, die zusammen hunderte Abenteuer am Amazonas oder von mir aus auch in unterirdischen Höhlen irgendwo in Alaska bestehen müssen. Meine Geschichte handelt auch nicht von der Liebe und zwei menschlichen Puzzleteilen, die unter den schwierigsten Bedingungen zueinander finden.
Ich dokumentiere. Meine Erfahrungen als Mensch. Auf meine Art und Weise.
Wozu? Aus dem oben genannten Grund.

Wer weiß schon, was das Leben letztendlich für jeden von uns vorgesehen hat.
Ich könnte genauso gut auf den Hinterkopf fallen, sechs Monate im Koma liegen und anschließend wie durch ein Wunder kerngesund und *normal für euch* im Kopf wieder aufwachen. Dann könnte dieser Kalender hier vielleicht einmal ganz interessant werden.
Als eine Art Erinnerungsbuch. Um hinterher pikiert auf das Buch zu zeigen mit den Worten: „Das war ich? Um Himmels Willen! Kommt, lasst uns einen Milchshake trinken gehen, danach könnten wir in den Baumarkt fahren, ich wollte mir nämlich

noch ein Vogelhäuschen kaufen, am besten im selben Eichenholz wie die kleine Gartenbank ..."
Falls der eben genannte Fall eintreffen sollte, bin ich bestens vorbereitet. Wie beruhigend.
Ich merke schon, sinnfreie Gedanken geben sich derzeit bei mir wohl die Klinke in die Hand.
Möglicherweise wären sie etwas weniger sinnfrei, wenn es nur bei Gedanken bliebe, und diese nicht Papier beflecken würden. Andererseits ... ich denke es wurde schon bedeutend größerer Schwachsinn als der meinige aufgeschrieben und sogar veröffentlicht.
Mein vorletzter Satz war auch nicht melodramatisch, sondern eher zynisch gemeint. Und wenn ihr mich jetzt sehen könntet, kämt ihr sogar in den Genuss eines zuckersüßen Lächelns. Nur, um keine Unklarheiten aufkommen zu lassen,

*... Herrgott Jane, du erzählst von der Sinnfreiheit des Sinnlosen und schreibst dich weiter in Rage ...*

„Ja aber genau das ist doch das Schöne an diesem Kalender. Ich brauche nichts zu beschönigen, ich lasse mein ewiges Perfektionieren und Verbessern, ich akzeptiere meine Satzbau-Monster, meine Metaphern, meine Wortneuschöpfungen als zwar gegeben, aber vollkommen in Ordnung. Und vor allem werde ich endlich damit aufhören, mich vor mir selbst zu rechtfertigen! Also Ruhe!"
Im Klartext bedeutet das, man findet in meinem Originalkalender einen Haufen durchgestrichener Wörter und verschmierter Seiten. Und das Einhalten der gekennzeichneten Zeilenabstände gehört eindeutig auch nicht zu meinen Stärken. Die Lesbarkeit meiner Sauklaue war auch teils eher Glückssache. Aber ich habe mich dieses Mal davor gehütet, auch nur eine Seite von dem, was ich geschrieben habe, herauszureißen!
Ein kleiner Schritt für mich, ein großer gegen meine Neurosen.
Ich muss nicht mehr nach jeder geschriebenen Seite von vorne, von Neuem beginnen, weil es nicht perfekt oder richtig genug war. Wie ich es mit allem in meinem Leben zuvor machen musste. Weil ich alles, was aus meinem Mund, mir selbst kam, zutiefst hasste.
Ich habe zum allersten Mal auf dem, was ich schon habe, aufgebaut, immer hoffend, dass am Ende vielleicht doch etwas dabei herauskommt. Aus mir.
Also entweder könnte man daraus jetzt als Außenstehender folgern, die Verfasserin dieser Texte ist ein verranztes, irres Mädchen, das nicht in der Lage ist, ordentlich auf Papier zu schreiben (und es ehrlich gesagt auch nie war) oder man beginnt zwischen den Zeilen zu lesen, zwischen all dem kryptischen Zeugs und erkennt, dass ich sehr wohl eine Botschaft habe. Welche, das bleibt euch überlassen. Wo kämen wir denn

hin, hätten wir das Recht andere von unseren Einsichten zu überzeugen, sie mit ihnen zu nötigen.

Mein Verhalten ist vielleicht nicht normal oder richtig, aber es ist nicht falsch.
Und das kann ich sagen, weil ich mittlerweile gelernt habe, nach dem höheren Sinn in den Dingen zu suchen, anstatt mich in eine Sackgasse mit vollendeten, unausweichlichen Tatsachen drücken zu lassen – negativen, unglaublich traurigen Tatsachen.
Um es auf den Punkt zu bringen: Theoretisch gibt es die Möglichkeit aus wirklich allem etwas Gutes herauszufiltern, mitzunehmen. Gut, zu wissen ...

### *24.03.2011, 09.13 Uhr, Das absolute Nichts*

Ich habe Post bekommen. Ich hätte sie meiner Mutter nicht zeigen sollen, aber früher oder später hätte sie mich so oder so danach gefragt. Der Umschlag war nämlich nicht zu übersehen gewesen, so rot wie er war. An der Anschrift konnte ich erkennen, dass der Brief von meiner KiTa stammt. Ich musste mich wirklich überwinden, ihn aufzumachen. Am liebsten hätte ich ihn einfach zu all den anderen Briefen gelegt, ungeöffnet. Es war eine Karte darin, mit einem Gruppenfoto meiner Kleinen darauf. Sie vermissen mich, hoffen, dass es mir bald wieder besser geht und dass ich mich melden soll. Ich vermisse die Kleinen auch. Vor allem eine habe ich besonders ins Herz geschlossen. Jedenfalls kann ich gerade meine Mutter durch die (*scheiß*) dünnen Badezimmerwände weinen hören. Vor Enttäuschung. Natürlich. Und ich weiß, dass der Brief daran Schuld ist bzw. ich.
Ich versuche dieses Geräusch so gut wie möglich auszublenden und zu akzeptieren, dass mir wohl wieder einer dieser bescheidenen Tage bevorsteht.
So wie die Tage zuvor auch. Dieser ständige Druck, diese ständige Nervosität, dieser Zwang, dieser Selbsthass, diese wahnsinnige Angst, dass meine kleine Porzellanwelt schneller zerbricht als gedacht und ich dann vor dem absoluten Nichts stehe. All das zerrt an mir, frisst mich auf, immer weiter, immer mehr. Die Wahrheit ist, ich habe Angst, dass sie vollends zerbricht, noch bevor ich verschwunden bin.

### *24.03.2011, 11.00 Uhr, Wer ist Jane Riley? Gute Frage ...*

Der Mensch, der ich nun war, befand sich bis vor Kurzem noch in der Ausbildung zur Erzieherin. Und davor wartete er vergeblich auf einen Ausbildungsplatz am städtischen Theater zur Maskenbildnerin, welcher ihm zwar versprochen wurde, aber erst im nächsten Jahr, denn momentan mangele es ihnen noch an den Kapazitäten.

(Für mich war das alles sowieso nicht relevant, ich war ja grundsätzlich eher mit meinem inneren Entwicklungsprozess beschäftigt, der Äußere würde hinterher kommen. Falls es ein hinterher gäbe, natürlich.)

Die Zeit musste natürlich überbrückt werden, also entschloss ich mich kurzerhand zu einer Visagistikausbildung. Andere Möglichkeiten, zum Beispiel etwas auf geistigem Gebiet zu machen, hatte ich auf Grund meiner gescheiterten Schullaufbahn nicht mehr, daher akzeptierte ich es einfach als meine einzige Option. Ich beendete die Ausbildung, bewarb mich etwa 80 Mal, um dann letztendlich nur Absagen oder gar keine Antworten zu erhalten und gab schließlich auf. Zu dieser Zeit schossen die Makeup-Artists förmlich nur so aus dem Boden und wahrscheinlich fehlte mir auch die gewisse Begeisterung und Leidenschaft für diesen Beruf, was man mir wohl in den wenigen Bewerbungsgesprächen, die ich führen durfte, auch ansah.

Meinen Ausbildungsplatz am Theater bekam ich nie (*ich hätte gerne meine aufwendig gestaltete Bewerbungsmappe zurück!*) und so verabschiedete ich mich auch davon.

Der Entschluss, mich dann eben als potentielle Erzieherin zu versuchen, entstand folgendermaßen: Ich hatte ein Vorstellungsgespräch in einem koreanischen Schuhgeschäft (Ramschladen), welches mehr schlecht als recht verlief, vor allem als ich erfahren hatte, dass ich für 4,50 Euro die Stunde hätte arbeiten sollen. Dementsprechend war ich nicht gerade bester Laune. Und wenn ich daran dachte, mit leeren Händen nach Hause zurückgehen zu müssen (dazu muss man wissen, dass zu der Zeit sämtliche Familienmitglieder auf der Suche nach einem Job waren), wurde mir ganz anders.

Ich war schon auf dem Heimweg, als ich an meiner späteren KiTa vorbeikam. Eine Freundin von mir musste damals in genau diesem Kindergarten ein schulisches Praktikum absolvieren und wir haben uns einige Male köstlich über das Lied *„Klopapier, Klopapier, ihr wisst wofür"* amüsiert, welches sie ab und an gerne (besoffen) zum Besten geben hat. Jedenfalls erinnerte ich mich daran und beschloss kurzerhand nachzufragen, ob sie nicht eventuell einen Praktikumsplatz für mich hätten. Die Leitung war natürlich etwas verwirrt (ich übrigens auch ...) und fragte mich nur noch, wie lange ich denn das Praktikum machen wollen würde. „Ehm, drei Monate, oder so?"

Immerhin war ich damals, als ich noch zur Schule gehen *durfte*, Jahrgangsbeste in Psychologie und Pädagogik, warum sollte ich diese Fertigkeiten nicht auch einmal praktisch einsetzen? Das Ende der Geschichte war, dass ich mein dreimonatiges, unentgeltliches Praktikum durchgezogen habe. Ich bin jeden einzelnen Tag davon aufgestanden, habe mich in den Bus gesetzt und habe von 8 Uhr bis 17 Uhr gearbeitet. Mir wurde in dieser Zeit mein Handy in einer Buchhandlung geklaut, während ich in einer meiner (verschneiten, es war Januar) Mittagspausen in ein Buch vertieft war. Ich musste für mein Monatsticket für den Bus Unsummen zahlen. Und das, obwohl wir, meine gesamte Menschenfamilie, zu diesem Zeitpunkt eigentlich so gut wie kein

Geld hatten. Und trotzdem waren sie, meine Eltern, glücklich, denn ich stand wieder jeden Tag auf und ging einem geregelten Tagesablauf nach.
Es war die Hölle. Meine persönliche Hölle.
Ich war mitten in meiner „Isolationszeit". Nach all meinem Versagen, den ganzen Absagen, der Perspektivlosigkeit und wechselnden Gelegenheitsjobs verließ ich tagsüber eigentlich schon gar nicht mehr das Haus. Zeitweise war mein Ekel vor mir selbst so groß, dass ich mit dem Kopf gegen die Wand schlagen musste, weil ich es einfach nicht mehr aushalten konnte. Weil ich mich nicht mehr aushalten konnte. Ich hatte wahnsinnige Angst. Angst das Haus zu verlassen, Angst, gesehen zu werden, Angst vor absolut allem und jedem.
Im Nachhinein betrachtet dürfte das wahrscheinlich die schlimmste Zeit in meinem bisherigen Leben gewesen sein. Schlimmer als alle traumatischen Erlebnisse zusammen. Einfach aus dem Grund, dass sie so lange andauerte. Mehr als zwei Jahre ... eine Ewigkeit.
Sobald man morgens aufwacht, fragt man sich, wieso man das überhaupt noch tut. Und vor allem wofür. Ein Gedanke, der sich immer und immer wiederholt, den ganzen Tag über.
Mehr als 730 einzelne, quälende Tage. Und jeder von ihnen sah gleich aus.
Schwarz.
Pechschwarz.
Und genau dann sollte ich von einen Tag auf den anderen wieder funktionieren?
Meine Menscheneltern zwangen mich dazu, drohten mir mit Rauswurf, Obdachlosigkeit und dergleichen. Und so tat ich es. Es fiel mir unendlich schwer, viel schwerer als die Male davor. Und ich versuchte meinen Eltern genau das mitzuteilen. Aber meine Aussage, dass ich einfach nicht mehr kann, nicht mehr so leben und funktionieren kann, so ganz ohne Kraft, machte sie nur noch wütender und auch irgendwie panisch. „Oh Gott, meine Tochter funktioniert nicht. Ich kann mich doch nicht auch noch um sie kümmern, wenn ich nicht einmal mit meinem eigenen Leben zurechtkomme", musste sich meine Mutter wohl gedacht haben.
Und ich verstand, dass es so nicht weiter gehen konnte, dass ich mich unmöglich weiter so durchs Leben mogeln konnte, so wie ich es mir eigentlich damals als Kind vorgestellt hatte und seither ja auch gemacht habe. Ich verstand es. Aber ich wusste nicht, was ich dann stattdessen hätte tun können, ich hatte keine Ahnung, war total planlos.
Was blieb mir also anderes übrig, als so weiterzumachen wie bisher? Auch wenn es falsch war und nicht richtig und alles für mich nur noch unerträglicher machen würde?
Nichts. Mir blieb absolut nichts anderes übrig, also fügte ich mich. Ich wollte das neue Pflänzchen Hoffnung meiner Eltern, dass aus ihrer Tochter doch noch mal was

anständiges wird, nicht sofort im Keim ersticken und vielleicht habe ich auch selbst gehofft, ich könnte es doch noch schaffen, mich anzupassen und dabei glücklich zu werden.
Ich tat etwas, was von vornherein zum Scheitern verurteilt war und ich war mir darüber absolut im Klaren, weil ich genau dieselbe Strategie mein ganzes Leben über verfolgt hatte und immer wieder versagte: Ich hatte meine eigene innere, sichere Basis noch nicht gesund pflegen können, weil mir keine Zeit gegeben wurde. Meine Eltern, meine Umwelt und ich selbst zwangen mich immer wieder mit roher Gewalt dazu, auf meinem vermoderten Keller etwas Stabiles aufzubauen. Um dann am Ende wieder enttäuscht festzustellen, dass das Haus einstürzte und mich und andere unter den Trümmern begrub.

Meinen Wunsch zu schreiben habe ich das letzte Mal im Alter von elf Jahren laut ausgesprochen, als wir ein Referat über unseren Berufswunsch halten sollten.
Das letzte Mal deshalb, weil ich zwar eine Eins auf das Referat bekam, aber zuhause von meiner Mutter ausgelacht wurde, weil ich doch tatsächlich so niedlich war und glaubte, jemand würde sich für mein Geschwätz interessieren. Für sie lebte ich nicht in der Realität, denn ihre Realität war ein für mich vorgesehener Bürojob (bestenfalls) oder aber hinter der Wursttheke. Und von da an dann Klappe halten und unauffällig sein. Und bloß keine Probleme machen oder Emotionen zeigen. Oder aber über selbige sprechen. Ihre Vorstellung von Sicherheit war eine Lüge. Sie fühlte sich tatsächlich sicher in ihrer komischen Realität. Genauso wie schon ihre Mutter zuvor.

Das Seltsame ist, die Kinder in der KiTa haben mich geliebt, die Erzieherinnen haben mich gelobt, aber ich fühlte mich trotzdem noch immer wie der Wolf im Schafspelz. Ganz zu schweigen davon, dass Erzieherin noch immer überwiegend ein Frauenberuf ist und ich mit Frauen generell nicht so gut klar komme.
Wieso also suche ich mir etwas aus, von dem ich weiß, dass es mir garantiert Schwierigkeiten machen wird? Ja klar, anders wäre es ja auch viel zu einfach.
Und warum sich das Leben einfach machen, wenn man genauso gut mit 100 Kilo beim Gewichtheben anfangen kann. Am Ende ist man dann zwar frustriert und immer noch ohne Triumph, weil es klar ist, dass man nicht sofort 100 Kilo stemmen kann. Aber wenigstens kann man dabei noch ordentlich das Gefühl des Versagens auskosten.
Ich will ja immer genau das, was ich nicht kann, genau das, was ich nicht habe. Und jetzt sitze ich hier, mit einem unsagbar schlechten Gewissen, weil ich nicht einmal mehr die Kraft habe, mich von meinen Kleinen zu verabschieden.

*... Es stimmt, es geht zu Ende mit dir. Aber in Wahrheit hast du Angst vor den Fragen ... Du hast Angst, dass sie dir Fragen stellen werden. Weil du nicht weißt, was du ihnen antworten sollst. Weil du kein gebrochenes Bein hast, welches einfach nur verheilen muss, damit du wieder springen kannst.*

So wie ich versucht habe, sie so gut wie möglich aus meinen Gedanken zu vertreiben, haben sie mich anscheinend nicht vergessen. Ich bin erstaunt deswegen, es bringt mich sogar für kurze Zeit zum Nachdenken. Aber bei meinem Traum und meinem Ziel ist kein Platz mehr für solche Gedanken. Sie würden sich nur fortwährend bekriegen und ich habe die ewigen Kämpfe in meinem Kopf so satt.

*... Ein Mensch kann nicht einfach so verschwinden, auch wenn er sich vielleicht nichts sehnlicher wünscht. Irgendetwas bleibt immer. Genau deshalb musst du dir etwas überlegen, etwas das du den Kindern sagen kannst, ohne dein Gesicht zu verlieren.*

„Ich laufe weg. Mein Verhalten ist mehr als unreif. Ich weiß, dass ich den Kleinen zumindest die Möglichkeit geben sollte, sich von mir zu verabschieden. Ich hasse Abschiede ..."

## *Drei*

*Mein Name ist Dunkelheit.*
*Und immer, wenn du weinst, küsse ich deine Stirn.*
*Dein Kopf ruht in meinen Händen und deine Füße in meinen Ketten.*

*Wir sind drei an der Zahl.*

*Der Name des Zweiten ist Licht.*
*Immer wenn du lachst, steht er neben dir und hält deine Hand.*
*Die Luft, die du atmest, ist die Seine und wenn sie euch beide im Einklang durchströmt,*
*strahlt ihr zusammen tausend Lichtjahre weit.*

*Der Name des Dritten und Letzten ist Nichts.*
*Er ist immer bei dir.*
*Egal, was du tust.*
*Egal, wann du es tust.*
*Er wird hinter dir stehen, seine klammernden Hände werden auf deinen Schultern ruhen.*
*Wenn du lachst.*
*Wenn du weinst.*
*Und wenn du zu all dem auch nicht mehr in der Lage bist, dann wird er sich deines Körpers bemächtigen.*
*Er wird dich von innen zerfressen, verschlingen, mit Haut und Haaren.*
*Wie ein Parasit wird er wachsen und wachsen und die beiden anderen Namen wirst du vergessen.*
*Nur noch er wird sein.*

*Eine Seele kann nicht einfach ausgelöscht werden.*
*Er vermag es.*
*Lässt du zu, dass ihr Eins werdet, so bist du verloren.*
*Und die Welt mit dir.*

## ??.??.????, ??.?? Uhr, Welcher Tag ist heute?

Wie spät ist es überhaupt? Ich weiß nicht einmal mehr, welche Tageszeit es ist, da in meinem Schlafzimmer die Jalousien eigentlich so gut wie immer unten sind.
Jeden Morgen stehe ich vor allen anderen auf, mache das Bett, räume alles, was sich nicht an seinem Platz befindet auf und gehe mit dem Hund laufen. Sobald ich mit all dem und vielleicht noch ein paar stumpfsinnigen Haushaltsdingen fertig bin, gehe ich wieder in mein Schlafzimmer und verfalle meinem Dämmerschlaf. Ich bin ein Wrack.
Das einzige, wozu ich gegebenenfalls noch gut bin, ist als tote Heimat für andere Lebewesen.
Wer weiß, vielleicht diene ich ja irgendwann einmal als eine Art künstliches Korallenriff.
Korallen sind wenigstens schön, nützlich.
Und ich will nichts mehr, als endlich nützlich sein, Sinn machen. Ich will meinen Platz in der Natur endlich finden und einnehmen, so wie alle anderen Lebewesen auch. Alles scheint von Nutzen, außer der Mensch selbst. Pardon, ich selbst in meinem Menschenkörper.

Ich nehme trotz Dämmerschlaf noch einiges von meiner Umwelt wahr. Ich sehe tausend Bilder, weiß nie, ob ich gerade träume oder wach bin. Und trotzdem ... ich funktioniere.
*Seht her, wie ich funktioniere*, möchte ich am liebsten schreien. Ich habe keine Kraft mehr, zu schreien.
Ich habe es geschafft, auszuhalten. Ich nehme jeden Morgen und jeden Abend brav meine Tabletten. Ich tue (endlich) was man mir sagt, ohne Widerworte. Um alle potentiellen Gründe, etwas an mir zu beanstanden, von vornherein zu eliminieren.
Alles ist in Ordnung.
Alles ist gut.
Die Schwärze zerfrisst mich, aber ich bewahre zumindest Haltung und mir meinen Stolz.
Gehe weiter meinen Weg, der eigentlich gar keiner ist, wohl wissend, dass es zu spät ist, um umzukehren.
Ach ja: Heute ist der *26.03.2011*.

Valium und Jägermeister sind keine gute Kombination, wie ich erneut (!) auf dieselbe, peinliche Art und Weise feststellen durfte. Und noch etwas ist mir klar geworden: Ich bin definitiv zu alt für solche Abstürze und dergleichen. Sie sind ja doch nur Ausflüchte und funktionieren sowieso nicht mehr.

Ich will gar nicht erst versuchen zu rekonstruieren, was gestern Nacht geschehen ist. Ich habe mein Versprechen doch noch eingelöst und war mit Sahid nach seiner Entlassung feiern. Ironischerweise trafen wir dann beide gegen 2 Uhr morgens in einer Bar auf denselben Krankenpfleger, der mich und auch ihn in die Geschlossene gebracht hatte. Ich hatte ihn damals nicht wirklich beachtet, dafür achtete er jetzt umso mehr auf mich. Zuerst erkannte er mich gar nicht, wollte dann aber unbedingt mit mir zusammen an ein „ruhigeres Plätzchen" gehen.

*Ja ja, in normaler Menschen-Verkleidung ohne weißes Hemdchen ist es sogar für einen Profi schwer einen Geisteskranken zu erkennen.*

Und weil Alkohol Menschen die Grenzen anderer noch weniger respektieren lässt, wurde er irgendwann ziemlich aufdringlich und weg war ich. Mit Sahid im Schlepptau. Vom Regen in die Traufe sozusagen. Denn später landeten wir beide irgendwann gegen 6 Uhr morgens bei ihm zuhause, wo wir einige Stunden später höchst unsanft von seiner Ex-Freundin geweckt wurden, die noch ein paar Sachen aus der Wohnung holen wollte.

Ich hatte mich zwar zuvor noch über all die *Hello Kitty* Sachen im Badezimmer gewundert, allerdings war ich zu diesem Zeitpunkt schon ziemlich verstrahlt – ein Nebeneffekt der Kombination von gar nicht so viel Alkohol mit meinen Psychopharmaka – also hatte es mich nicht weiter interessiert. Ich weiß nur noch, wie sie uns die Bettdecke wegzog und ich sie darauf hinwies, dass ich mich erst anziehen müsse, bevor sie uns beide aus der Wohnung schmeißen könne. Ich glaube, zu diesem Zeitpunkt verlor Sahid endgültig den letzten Rest meiner Achtung. Ich ignorierte von da an seine Anrufe und wir liefen uns genau noch ein einziges Mal über den Weg. Ich meine, wie kann man sich aus der gemeinsamen Wohnung schmeißen lassen, nur weil man auch seinen Spaß hat und vielleicht jemand anderen kennen lernt? Immerhin waren sie zum damaligen Zeitpunkt schon nicht mehr zusammen, sie hatte ihn betrogen, soweit ich weiß.

Aber egal, Schwamm drüber, die Sache ist für mich längst abgehakt und vergessen. Auch, wenn es erst gestern passierte.

Es ist Montagmorgen und mir fällt auf, dass ich jetzt
a) die Nummer meines Hausarztes auswendig kenne
b) ich erst Freitag ein Rezept dort geholt habe.
Es könnte vielleicht so aussehen, als hätte ich alle meine Prinzipien über den Haufen geworfen, weil ich so tief gesunken bin und gerade im Begriff bin, mir zu all meinen ganzen anderen Süchten auch noch eine Medikamentenabhängigkeit zuzulegen.
Weil ich es scheinbar in Kauf nehme, den ganzen Tag nur noch mit Valium vollgepumpt herumzulaufen. Aber es hat auch einen positiven Effekt. Zumindest heute dämpft es meinen Hunger etwas.

*Vielleicht liegt das aber auch nur am Gewöhnungseffekt, weil du einem Mantra gleich 24/7 „Nicht essen!" herunterbetest?*

Ich bin todmüde, möchte einfach nur schlafen und frage mich zum 100000. Mal, wann dieses Aus-dem-Bett-quälen endlich aufhören wird und ich einmal meine Ruhe haben werde.
Aber daraus wird erst einmal nichts, denn ich muss raus, in die heißen Scheinwerfer dieser kalten Welt und meinem Hausarzt erklären, weshalb die 20er Packung Valium nicht mehr ausreicht. Ich brauche die Beruhigungsmittel, weil ich irgendwann zu all meinen ganzen anderen Störungen auch noch eine Sozialphobie entwickelt habe, die so schlimm wurde, dass ich nur nachts, wenn überhaupt, das Haus verlassen konnte. Weil mich die äußere Welt und andere Menschen nur noch in blinde Panik versetzten. Weil ich in ihr nicht mehr funktionieren kann. Und wenn solch starke, mich in einem Zombie verwandelnde, Medikamente das Einzige sind, das hilft, um mich Ausgeh-fertig zu machen, dann soll und muss ich diese bittere Pille wohl schlucken, im wahrsten Sinne.
Aber vor allem muss ich nach draußen, um zur Mittagszeit (am besten überhaupt ...) nicht anwesend sein zu müssen. Und, weil ich dringend etwas Bewegung brauche.
Ich schätze, die insgesamt 25 km lange Fahrradstrecke dürfte dafür ausreichen.

### 29.03.2011, 14.10 Uhr, Bald ist es geschafft.

Ich ziehe mich langsam an und denke über all die Dinge nach, die ich erledigen müsste. Kleine und größere Schritte, die ich gehen müsste.
Und ich fühle mich einfach nur wie bei dem alten Windows-Game *Minesweeper*, bei dem ich als Kind immer gnadenlos versagt habe.
In solchen Dingen habe ich einfach kein Glück. Wenn es in einem Gelände, das so groß ist wie ein Fußballstadion, eine einzige Tretmiene gibt, dann kann man mit großer Wahrscheinlichkeit davon ausgehen, dass ich darauf trete.

Und dann ist da immer noch die kleine, leise Stimme in meinem Kopf, gestern Nacht verwandelte sie sich in ein Lied. Wie ein Menschenchor, der eine Botschaft zu singen hatte, die da lautete: *Mach weiter, nur noch ein winziges bisschen, bald ist es geschafft ...*

### *30.03.2011, 12.08 Uhr, Ertrinken*

Es wird immer schlimmer.

Wer hätte das gedacht ... man fällt und fällt und erwartet jeden Moment harten Beton, auf dem man aufschlägt und der sämtliche Knochen zersplittern lässt – dann ist man zwar Mus, doch zumindest erlöst – aber der Boden kommt einfach nicht.

Vielleicht, überlege ich, ist es so wie beim Tauchen. Ab einer bestimmten Tiefe verliert man völlig die Orientierung, weiß nicht mehr wo oben oder unten ist. Weil es womöglich auch gar keine Rolle mehr spielt, wo oben oder unten ist, denn man wird so oder so ertrinken. Weil es nichts mehr gibt, außer das schwere, schwarze Wasser, welches von allen Seiten auf einen eindrückt. Es ist kaum mehr auszuhalten, vor allem weil ich nicht einmal mehr hier sicher bin, mich sicher fühle.

Nicht einmal mehr in meinem Kopf. Alles engt mich so unvorstellbar ein, es gibt absolut keine Luftpolster mehr, keinen Spielraum. Keine mich einigermaßen schützenden Grenzen mehr.

*„Ich würde dich aufheben und forttragen, wie einen verletzten Vogel.*
*Ich würde dich gesund pflegen und bei dir sein, wenn du dann zum*
*ersten Mal*
*wieder fliegst.*
*Ich würde dich loslassen, aber würdest du fallen, dann in meine Hände.*
*Ich kann sehen und schenke dir meine Augen, damit auch du sehen*
*kannst was ich zu sehen vermag.*
*Nur um eines bitte ich dich.*
*Wenn du bemerkst, dass deine Zeit gekommen ist, dann kehre wieder, ein*
*letztes Mal, damit ich dich in meinem Garten begraben kann."*

## 01.04.2011, 06.24 Uhr, Der Traum vom Leben

Ich liege oft da und träume vom Leben.
Wie lässt sich das, was ich meine, am besten verdeutlichen? Stell dir vor, es ist ein heißer Tag im Hochsommer. Du warst gerade laufen und hast unheimlichen Durst. Endlich dann, bist du zuhause und leerst gierig eine Flasche kaltes Wasser. Die meisten Menschen schließen in so einem Augenblick automatisch vor Genuss und Erleichterung die Augen. Und um dieses Gefühl geht es mir. Pures Leben, das man in sich hinein schüttet, man fühlt sich plötzlich wieder lebendig.
Ich sehe mich oft in einem wunderschönen, alten Haus. Ich stehe im Schlafzimmer, am geöffneten Fenster. Es ist Morgen, ich bin gerade aufgestanden und die ersten Sonnenstrahlen begrüßen mich. Ich kann das Rauschen des Windes in den Bäumen meines Gartens hören und fröhliches Vogelgezwitscher. Irgendwo bellt ein Hund, ansonsten ist alles friedlich. Ich kann die Blumen riechen, die Fichten und ganz besonders den Flieder, dessen Blütenblätter in mein Schlafzimmer geweht werden und meine nackten Zehen streicheln. Ich fühle mich an diesem Ort, in dieser Szene so unglaublich wohl und ausgeglichen. Einfach zufrieden, richtig.
Diese Vorstellung hinterlässt einen solch intensiven Nachgeschmack, dass mir ganz schwindelig davon wird und ich die Augen wieder öffnen muss.
Ich wünschte, ich könnte sie nehmen und sie in ein Einwegglas packen, damit sie niemals mehr verloren geht – kein einziges, wunderbares Detail davon. Das Schönste an ihr ist, denke ich, das Gefühl, den Morgen begrüßen zu können, das Leben begrüßen zu können. Ich wünsche mir nichts sehnlicher.

## 02.04.2011, 12.08 Uhr, Weiße Kaninchen und faule Mäuse

Es ist Samstag, der 2. April, die Außentemperatur liegt bei 24 Grad Celsius, gefühlten 32 Grad in der Sonne. Ich liege im Gras und mein Blick fällt auf den Rosenstrauch unseres Nachbarn. Er ist in der Form eines Herzens zurechtgestutzt worden und wäre ich Alice und das hier das Wunderland, dann wäre das dort drüben mit Sicherheit der Garten der Herzkönigin.
Das würde auf jeden Fall das seltsame Ticken erklären, welches ich in letzter Zeit höre. Fast wie das Ticken einer Taschenuhr ...
Die andere Theorie, einer meiner verrückten, hypereifersüchtigen Ex-Freunde hätte seine Drohungen wahrgemacht und eine Bombe mit Zeitzünder irgendwo versteckt, gefällt mir nicht so gut, deshalb entscheide ich mich lieber für die erste Möglichkeit. Nur glaube ich, die Zeiten, in denen irgendwelche weißen Kaninchen auf mich warten, sind endgültig vorbei.

Also muss ich mir wohl oder übel etwas anderes ausdenken und mir kommt *Frederik, die Maus*, in den Sinn, die Sonnenstrahlen für den Winter sammelte. Ich habe dieses doch recht bekannte Buch als Kind geliebt, vor allem die süßen Illustrationen. Vielleicht bin ich ja sogar ein wenig wie Frederik, der nur faul herumliegt, während alle anderen Mäuschen eifrig Vorräte für den Winter sammeln. Und der, bei aller Dreistigkeit, auch noch die Frechheit besitzt, zu behaupten, er tue etwas Sinnvolles für die (Mäuse-)Gemeinschaft.
Aber letztendlich hat er das ja auch, oder? Denn ohne seine Geschichten und Gedanken hätten die anderen Mäuse den Winter bei weitem nicht so angenehm überstanden.

Kann ich nicht so sein wie Frederik? Könnte dies nicht mein Beitrag zur Gesellschaft sein, kann ich mir so nicht vielleicht einen Platz in ihr sichern? Endlich ich selbst sein? Allen bisherigen Erfahrungen einen Sinn geben? Alles Negative in etwas durch und durch Positives verwandeln? Möglicherweise in eine Erkenntnis, ein Verständnis vom Leben hier unten auf der Erde und den Menschen an sich? Ein Verständnis, welches sich nur durch eigens gemachte Erfahrungen erlangen lässt? Meine Erfahrungen als Mensch hier auf der Erde?
Fragezeichen, Fragezeichen, Fragezeichen ...

### 03.04.2011, 15.25 Uhr, Dornröschen

Sogar jetzt gibt es sie noch, Momente, in denen eine potentielle Zukunft gar nicht so weit weg scheint. Momente, in denen Hoffnung mitschwingt und der wohltuende Geruch von Normalität. Ich hasse sie. Weil ich, wenn sie vorübergehen, nur noch tiefer falle. Jedes einzelne Mal.

*... Sie wollte schlafen, wie Dornröschen, in einem Bett aus Watte und das so tief, dass nichts und niemand sie je würde wecken können.*

Ich muss mir eingestehen, dass ich mich gerade jetzt ziemlich einsam fühle.
Darüber hinwegtrösten könnten mich weder Tristan, noch Sahid oder sonst irgendjemand.
Weil sie nicht das sind, wonach ich suche. Nicht das, was ich brauche. Ich brauche mich.
Und ich muss mir eingestehen, dass mein Drang, einfach fortzulaufen, woanders hinzugehen, umso stärker geworden ist. Aber ich denke, egal wo ich auch hingehe, egal unter welchen Menschen ich mich befinde, der Moment, in dem ich mich kurz ent-

schuldigen und auf die Toilette verschwinden werde, mit dem Rücken an der Wand, panisch nach einem Ausgang suchend, wird immer kommen.
Ich werde mich immer fragen, was ich hier eigentlich mache und was um Himmels Willen ich damit bezwecken, erreichen möchte. Ich fühle mich wie ein Kind, das unter den falschen Leuten in der völlig falschen Welt ausgesetzt wurde, einfach vergessen wurde.
Ich kann beinahe zusehen, wie sich die Wellenlänge derer, die eben noch meine „Freunde" waren, von der Meinigen entfernt. Sodass von nun an jeder Kommentar, jede Geste meinerseits Tarnung darstellt, um schnellstmöglich aus dieser bedrängenden Situation fliehen zu können. Dann möchte ich nichts mehr, als alleine sein und die Gewissheit, dass niemand mich dabei stören kann. Dieses Fremd-und-Allein-sein-Gefühl, obwohl man sich unter Menschen befindet, habe ich schon seit ich denken kann, eigentlich müsste ich doch schon daran gewöhnt sein. Ich bin es aber nicht. Es macht mich unvorstellbar traurig.
Und jetzt, da ich tatsächlich alleine bin, versuche ich natürlich diesem Gefühl mit einer Menge Gras, Valium, Schmerztabletten und *Gegenschmerzen* entgegen zu steuern. Um ihm wenigstens nicht ganz hilflos ausgeliefert zu sein.
Denn diese Art von Schmerz lässt sich nicht einfach wegatmen.

## 03.04.2011, 23.00 Uhr, Frühere Sommer

Es ist ziemlich warm draußen und riecht nach Sommer.
Der Sommer duftet immer nach etwas Altbekanntem, nach warmem Regen möglicherweise.
Auch wenn ich es später bereuen werde, weil ich zitternd vor Kälte aufwache, ich werde heute Nacht mit offenem Fenster schlafen. Es ist mir egal, welchen Wesen ich somit Ein- und Austritt gewähre, Hauptsache sie erinnern mich an früher. Frühere Sommer. An einen nicht durch eine menschliche Hülle begrenzten Verstand. An eine Welt, die ich verstehe.
Und wenn ich nicht einschlafen können sollte, trotz all der Medikamente, dann werde ich einfach ihren Geschichten lauschen, sowie ich es damals immer getan hatte. Ihre Geschichten sind wie Nahrung, die mich wochenlang nähren kann und so ziemlich das Einzige, das mir jetzt noch ein Lächeln auf die Lippen zaubern könnte.
Ich habe Durst. Seltsamerweise vergeht er nicht, egal wie viel ich auch trinke.

Diese Bilder ... ich sehe sie mir immer an. Egal, ob sie auf den Fotos lächeln, egal, ob man ihre Gesichter erkennen kann – ich stelle mir immer vor, sie wären irgendwie glücklich.

Ich schreibe gerade mit Michael und Sahid, Smalltalk. Fürs Rausgehen reicht meine momentane Motivation nicht wirklich. Mir ist langweilig und ich durchforste das Internet nach neuen Inspirationen, Bildern, die zumindest ein Stückchen Glück und Freude mit sich bringen. Sie verursachen ein regelrecht kribbeliges Bauchgefühl.
Ich hänge an diesen teils wunderschönen, teils ziemlich einfältigen Fotos. Sie sind sozusagen Futter für meine Illusionen. Und ich muss sie auch mit irgendetwas nähren, denn sonst würden sie verhungern, so wie ich gerade und das dürfen sie einfach nicht.

Die Bilder zeigen glückliche Menschen, glückliche junge Frauen. Und weil sie glücklich sind, sind sie schön. Ich will auch glücklich sein. Dann kann ich auch schön sein, für mich und den Rest dieser Welt. Sie zeigen dünne Frauen. Ich war mein ganzes Leben lang über dünn, konnte essen was ich wollte und nahm nicht zu. Mein Vater nannte mich immer Rehlein. Ich hasste es. Die Leute meinten immer zu mir: „Kindchen, iss doch mehr“ oder „Gottchen, ist die kleine Jane dünn“. Am liebsten sprachen sie es vor versammelter Gruppe an. Und für sie waren es nur Worte, sie gingen nur ihrem Lieblingssport nach, das Aussehen und Ansehen anderer Menschen um sie herum zu kommentieren. Aber ich hörte es fast jeden zweiten Tag und es nervte mich so unglaublich.
Ich versuchte mich sogar eine Zeit lang absichtlich mit noch mehr Essen vollzustopfen, da war ich gerade mal zehn Jahre alt. Denn obwohl ich körperlich absolut gesund war, normal, war es für die Gesellschaft nicht ok. Und ich wollte einfach nur „in Ordnung sein“, endlich. Ich persönlich zum Beispiel würde niemals auf die Idee kommen, jemanden auf sein Übergewicht anzusprechen.
„Oh, Sie sind aber übergewichtig, das wissen Sie aber hoffentlich, ja? Ich wollte nur sichergehen, dass Sie sich darüber auch im Klaren sind ...“

Später dann, als ich älter wurde, verfolgte ich auch den ganzen Gewichtswahn in den öffentlichen Medien, verfolgte voller Freude wie kurvigere, dickere Menschen endlich mehr akzeptiert wurden und auch ihr Körpertyp als richtig und absolut schön verkauft wurde, freute mich für meine Mutter, die ihr ganzes Leben lang unter ihrem Übergewicht und der Reaktion der Außenwelt darauf litt und dachte, es würde ein erster Schritt sein zum „In-Ordnung-sein-dürfen“, für alle. Um dann nach wenigen Jahren enttäuscht festzustellen, dass sich das Blatt gewendet hatte. Jetzt schien es, als

würden die Fülligeren den eher Leichteren genau das antun, was auch ihnen in Form von öffentlicher Ablehnung angetan wurde. Und jeder musste jetzt mehr als vorhandene Kurven haben, besser zu viele als zu wenig und alle anderen, die von Natur aus eher zierlicher waren, waren krank und magersüchtig. Einfach nur gesund sein ist out, der Norm, einem Durchschnittswert entsprechen, ist in. ..
Ich verstehe diese Welt einfach nicht. Ihr Menschen wollt das Eine, und macht aber genau das Andere.
Aber zurück zu mir, die ich ja nun auch eine von euch bin. Denn als ich älter wurde und das kritische Pubertätsalter erreichte, fiel auch zum ersten Mal das Wort Magersucht. Ich wusste noch nicht einmal, was es war und war weit davon entfernt, eben selbiges zu verkörpern. Ich aß sogar mehr als alle anderen in meiner Familie, ich dachte nicht einmal über das Essen an sich nach. Und dennoch musste ich mich ständig rechtfertigen. Und wurde es nach einer Weile so unendlich leid und fing irgendwann selbst an, zu glauben, ich hätte eine Essstörung, welcher Form und Art auch immer. Immerhin zwang ich mich ja auch regelmäßig dazu sogar noch mehr zu essen. Bis mir schlecht wurde. Ich hoffte, irgendwie Mittelmaß zu werden, nicht fett, aber irgendwie an der Grenze, ich glaubte die Menschen hier erwarteten ein "wohlgenährtes" Mädchen. Und als dies nicht mit meinem normalen, ausgewogenen, somit gesunden Essverhalten zu erzielen war, stieg ich auf Fastfood um. Welches dann irgendwann im Alter von 18 Jahren auch etwas ansetzte.

Durch puren Zufall entdeckte ich im Internet ein Forum, das Sammlungen von Bildern zeigte, die mich innehalten liesen und mein Interesse weckten. Es handelte sich um eine Plattform für Magersüchtige, deren Ideologien verabscheuungswürdig waren und mir nicht begreiflich, glichen sie doch mehr denen einer Sekte, die mit absolut schwachsinnigen Anschauungen und Regeln jungen Mädchen das Gehirn waschen wollten. Gäbe es ihre Fotos, oder aber Inspirationen, wie sie sie nannten, nicht, ich hätte dem nicht einmal mehr Beachtung geschenkt.
Doch mit der Faszination für das Schöne und zugleich Zerstörerische tief in mir verankert, begann ich mich mit eben jenen Fotos zu beschäftigen. Die eingefangenen Momente auf jenen Fotografien sicherten mein Überleben. Weil sie mir etwas gaben, das ich selbst nicht im Stande war zu kreieren: Mein eigenes Glück. Deshalb liebte und brauchte ich sie. Mehr als mein kleines Geheimnis. Sie haben so viel an Gewicht, so viel an Ausdruck, so viel an Botschaft. Es ist einfach ein gutes Gefühl, zu wissen, dass sie sicher existieren.
Ich glaube, ich liebte einfach die Kunst an sich, die Kunst mithilfe eines einzigen Fotos eine zerstörerische Seite des Menschen auszudrücken. Oder aber eine wunderschöne Seite. Die Kunst, eine geistige und somit unsichtbare Sache zu materialisieren und sie sichtbar zu machen. Ich versuchte das Schöne einer jeden Menschenseele in

den Bildern zu erkennen und einzufangen. Vielleicht, um dies auch auf mich selbst übertragen zu können. Mich faszinierte, was wohl in ihnen vor sich ging, ich wollte herausfinden wer sie waren und was sie zu dem gemacht hatte, das sie heute sind. Ich wollte einfach analysieren. Wie ich es schon mein ganzes Leben lang getan hatte. Und ich konnte mich auch ein wenig mit ihnen identifizieren. Ich war ja schließlich mein ganzes Leben lang wie die Mädchen auf den meist fröhlichen Fotos. Äußerlich. Aber niemals innerlich, niemals glücklich. Und das wollte ich ja schließlich werden. Und obwohl ich wusste, dass es eine Lüge war, glaubte ich fest daran, dass die Menschen auf den Fotos so glücklich waren wie sie aussahen. Und wenn sie es nicht wären, hätte ich ihnen am liebsten gesagt, dass es keinen Grund gäbe nicht endlich glücklich zu sein und sich so schön zu fühlen wie sie es für mich schon lange waren. Egal wie viel sie wiegen, egal wie groß oder klein sie sind, egal woher sie kommen. Ganz einfach, weil sie Mensch sind. Und ganz besonders, weil sie scheitern und verletzlich sind, nicht perfekt und nicht allwissend.
Ich selbst jedoch hatte und habe ihn immer noch, diesen Drang das Schöne in mir in der (selbst)zerstörerischen und dunkelsten Ecke zu finden. Mich selbst in der schwärzesten Schwärze zu erkennen.
Denn ich glaube, nur die wenigsten Leute finden sich im Licht, bei Tag.
Ich glaube, man muss bei Nacht suchen, um sich wirklich zu finden.

### 05.04.2011, 12.33 Uhr, Schweinwerfer an!

Ich muss zur Bank und als die Haustüre hinter mir zufällt und ich im strahlenden Sonnenlicht (*viel zu grell …*) vor unserer Haustüre stehe, fällt mir ein, dass mein Fahrrad ja einen Platten hat und ich wohl oder übel zu Fuß gehen muss.
Ich überlege, trotzdem zu fahren, immerhin ist es mir ja während meiner letzten Fahrt auch nicht aufgefallen, dass ich auf den Felgen fahre (wenn ich in Rage bin, bemerke ich so gut wie nichts mehr um mich herum). Aber bevor ich noch weitere Minuten unschlüssig vor unserer Haustüre stehe, gehe ich lieber los. Unterwegs wünsche ich mir noch einige Male, ich säße auf meinem unbequemen Sattel, wäre somit schneller unterwegs und die Leute hätten weniger Zeit, mich anzustarren. Aber da ich nun hier schreibe, bin ich wohl wieder sicher zuhause angekommen.
Ich beschließe, mich unter dem strahlend blauen Himmel schlafen zu legen.
Diesmal mit Sonnencreme. Ich liebe den Geruch von Sonnencreme. Er erinnert mich immer an frühere Ausflüge ans Meer. Also, *Radiohead* on, vielleicht kann ich ein bisschen entspannen. Ach ja: Nina ist wieder da. Ich weiß auch nicht, ob es sich nur um anfänglichen, trügerischen Schein handelt, aber Nina ist irgendwie ruhiger geworden, sanfter. Also genau die Art der Behandlung, die ich jetzt gerade brauche.

## *05.04.2011, 18.00 Uhr, Gute Nacht, Tag*

Das Cloud/Sun-Hopping (eigens konzipierte Wortkreation) ist mir zu dumm geworden. Den ganzen Tag über Sonnenschein, aber sobald ich mich nach draußen lege, schiebt sich auch schon die erste überdimensional große, dunkle Wolke vor meine Sonne.
Als einzige am Himmel, wohlgemerkt.
Also zog ich mir wieder meine Jacke an und wartete. Der ganze Vorgang wiederholte sich noch in etwa vier Mal, solange bis ich keine Lust mehr hatte, mein Zeug packte und nach drinnen ging. Es macht ja so oder so viel mehr Spaß, für 12 Minuten Sonne 8 Euro im Solarium zu zahlen.
Und da können mich wenigstens keine nervigen Nachbarn begaffen, wie etwa Mandy Kubitzki*, die zwei Häuser weiter mit ihren fünf oder sechs kleinen Schoßhündchen am Gartenzaun entlang patrouilliert und am längst abgebrannten Filter ihrer Zigarette saugt.

*Gute Nacht, Tag ...*

* Name der Person meinem persönlichen Eindruck nach gewählt

# Janes Erlösung

*Flieh, rief der Gott der Verirrten ihr zu. Lauf vor mir weg, renn zur Straße. Dieser Bärenkörper ist langsam, noch nicht von der Beute eines Sommers gemästet; der Ertrag ist bisher spärlich gewesen. Lauf. Vielleicht lasse ich dich am Leben. Ja, renn! dachte sie, aber da kam sofort die Stimme der taffen Tussi: Du kannst nicht wegrennen.*
*Du kannst kaum stehen, Herzchen ...*
*Die Wälder um sie herum lagen schweigend da, dünsteten ihren säuerlichen, durchdringenden Grüngeruch aus. Trishas Atemzüge schnarrten leise durch ihren entzündeten Hals. Das Ding, das wie ein Bär aussah, blickte aus einer Höhe von sieben Fuß hochmütig auf sie herab. Sein Kopf war im Himmel und seine Krallen hielten die Erde fest. Trisha erwiderte seinen Blick, sah zu ihm hinauf und begriff, was sie tun musste.*
*Sie musste das Spiel zu Ende bringen.*

The girl who loved Tom Gordon, Stephen King

### 06.04.2011, 08.00 Uhr, Risse im Boden

Sind wir wirklich das, was wir vorgeben zu sein? Bedeutet das, vor dem Himmel, wir haben keine uns gegebenen Namen? Sind formbar wie Rauch oder Gummi? Bloß nicht ... Eigentlich hatte ich diesen Gedanken längst verworfen, seit dem Tag, an dem ich meine Wurzeln wiederfand. Aber irgendwie hat er mich jetzt wieder, dieser Gedanke, und lässt mich nicht los. Ich habe ja auch viel Zeit zum Nachdenken, denn die nächsten Tage werden alles andere als angenehm werden, es geht auf die Zielgerade zu. Mein Fastenziel. Stichtag.
Es ist ja auch wahnsinnig schwer, sein Gemüt wieder in die richtigen Bahnen zu lenken, seinen Geist vorzubereiten. Denn ein gut vorbereiteter Geist ist wichtig, wenn man nur mit seinem Willen kämpft und einen solch mächtigen Gegner vor sich hat. Sich selbst.
Ich kämpfte gegen den Hunger, gegen meine Triebe, gegen das Leben, gegen meine dunkle Seite. Gegen jene Fesseln, die mich davon abhielten, Herr über mich selbst zu werden und in dieser Welt agieren zu können. Und mein Gegner verursachte bereits Risse im Boden vor mir, weil er so gewaltig und schwer war.
Ich glaube, ich lerne meine Psyche trotz aller verhassten, immer wiederkehrenden Muster völlig neu kennen und sogar etwas beherrschen.

*... Gut so ...*

Hätte man mich gezielt damit beauftragt, eben jene zu erforschen, ich hätte lachend abgelehnt.
Aber so, als kleiner Nebeneffekt, der eigentlich gar nichts mit meiner eigentlichen Absicht zu sterben, zu tun hat, stört er nicht sonderlich, im Gegenteil.

### 06.04.2011, 13.18 Uhr, Halt in der Instabilität?

Ich musste immer hart um meine Selbstständigkeit kämpfen, um die Anerkennung von meinem Menschen-Ich als eigenständige, individuelle Persönlichkeit.
Und nur dann, wenn ich völlig ich selbst bin und niemand versucht, mich zu vereinnehmen und nur wenn meine Grenzen auch als solche respektiert werden und auch meine Grenzen bleiben, ich irgendwie Halt in der Instabilität finde, *dann*, denke ich, kann ich mich einmal wohl und vollständig fühlen.
Das Erstaunliche ist ... manchmal bemerke ich sogar, dass ich gut funktionieren kann, mehr als gut. Aber eben nicht 24/7. Vielleicht eher 60 Minuten am Tag. Aber manchmal reichen die ja auch schon aus, nicht wahr?

### 06.04.2011, 17.02 Uhr, Feuer

Wenn einem als Mensch die Macht gegeben wird, zu handeln, in dieser Welt zu agieren, dann muss natürlich erst einmal gelernt werden, sein Feuer gezielt einzusetzen, ohne gleich einen Flächenbrand zu verursachen. Damit hatte ich so meine Schwierigkeiten.
Aber das Sprichwort *Was Hänschen nicht lernt, lernt Hans nimmer mehr* gilt für mich vielleicht noch für das Wäsche-ordentlich-Zusammenlegen, für mehr aber auch nicht.

### 06.04.2011, 22.59 Uhr, Zurück auf den Boden der Tatsachen

Diese Welt schäumt gerade zu über vor lauter falschen Idealen und Illusionen.
Menschen, die sich im Netz mit eigens erwählten Pseudonymen zu Superhelden machen. Und es muss immer weiter, schneller, besser, abgehobener, perfekter gehen. Dabei scheinen wir zu vergessen, dass es doch gar nicht nötig ist, die Natur perfektionieren zu wollen. Es ist eigentlich sogar ziemlich töricht, sie ist doch längst perfekt. Was also wollt ihr damit erreichen? Was will ich damit erreichen?
Diese Welt hier ist wie ein Teich voller Maden, die alle durcheinander wälzend und blind kriechend versuchen, irgendwie an die Oberfläche, ans Sonnenlicht zu kommen.
Um nicht vollständig unter tausenden anderen, farblosen Maden zu verschwinden.
Dabei sind wir alle doch so viel mehr!
Diese Welt lebt nur noch vom Fortschritt um des Fortschritt Willens, der Perfektionierung von sowieso allem und jedem. Und die Richtung, in die wir uns alle entwickeln, deutet doch schon auf einen riesigen Crash hin.
Ob jener sich noch dieses Jahrhundert oder erst in 500 Jahren ereignen wird, spielt dabei keine Rolle – in solch verhältnismäßig kleinen Zeitspannen denke ich doch erst gar nicht.
Tatsache ist, er wird kommen, der Tag an dem die Menschheit einsehen muss, dass ein Umdenken gefragt ist. Wir brauchen keine neue Steuerreform, neue Finanzpakete oder eine neue Regierung. Wir brauchen ein ganzheitliches Umdenken. Eine Rückkehr zu unserer eigentlichen Natur. Und jeder kann eigentlich sofort bei sich selbst damit beginnen. Es wäre so einfach!
Diese Welt besteht nur noch aus Grenzen und wir werden nicht ruhen, bis auch die letzten davon gesprengt werden. Weil wir nun mal so sind, wir Menschen. Wir drücken und schieben mit roher Gewalt gegen jene Grenzen, dabei wären sie so essentiell für uns. Wenn wir auch noch die letzten durchbrechen, schweben wir bald haltlos in einem Vakuum.

Wann begreift die Menschheit endlich, dass sie zwar trotz ihrer Daseinsform göttlichen Ursprungs ist, aber noch lange nicht Gott spielen sollte?
Wer sind wir, dass wir glauben uns über die seit Ewigkeiten bestehende kosmische Ordnung stellen zu können? Purer Größenwahn, ein unnötiger Kampf, dessen Ausgang längst feststeht.

*Ihr Menschen wolltet eine eigene Welt haben, eine Welt in der ihr unabhängig vom großen Ganzen existieren könnt, mit einem eigenen Ego. Und dies war nur möglich, indem euch Grenzen gesetzt wurden, Gesetze der Polarität, Oben und Unten, Licht und Dunkel. Ihr fragt euch, weshalb es so viel Schlechtes auf dieser Welt gibt? Weil hier unten ohne das Dunkel auch kein Licht existieren kann. Euch wurde eine unabhängig und getrennt vom großen Ganzen geschaffene Welt zur Verfügung gestellt, und diese beinhaltet nun einmal einen Kreislauf, ein System, welches es ihr ermöglicht überhaupt alleine zu existieren. Alles, was ihr zuvor kanntet, bevor ihr hierher kamt, war grenzenloses Licht. Im Idealfall schafft ihr es, auch hier unten alle Dunkelheit wieder in Licht zu verwandeln und sie wieder ihrem Ursprung gleich zu machen ... Nicht durch Zauberei etwa, sondern durch Wissen und Verständnis und euren von uns gegebenen freien Willen.*

Und die Sache, die ich immer noch nicht verstehe, ist diese: Bevor ich hierher kam, war alles noch so klar und irgendwie durchschaubar, es war einfach. Jetzt ist diese Welt auch meine, ich bin eine von euch und ich begehe jeden erdenklichen Fehler, über den ich zuvor schon Bescheid wusste und den ich geglaubt hatte nie zu begehen!

Aber zurück zu jenem Kampf der vielleicht nicht nötig wäre, aber dennoch Sinn macht.
Ich glaube, nur so schaffen wir es wieder auf den Boden der Tatsachen zurückzukehren.
Ein Kind weiß nicht, dass die Herdplatte seine Haut verbrennen wird, es muss sie erst anfassen.

*Setzt ruhig eure eigene Lebensgrundlage, euren eigenen Planeten und eure eigene gesamte Daseinsform Mensch in Brand ...*
Es ist ja nicht so, als hätten wir hier oben das nicht vorausgesehen.

Denn nur die Erfahrungen, die man selbst sammelt, sind wirklich nachhaltig und bleiben. Und wir wünschen uns doch alle eigentlich etwas, das bleibt, oder? Gerade jetzt, in diesen unbeständigen Zeiten. Wir müssen uns der Verantwortung, die wir als fortwährend agierende Menschen nun einmal haben, erst richtig bewusst werden, glaube ich.

Denn auf eine Aktion folgt ja bekanntlich immer eine Reaktion und schon haben wir eine Kette von Handlungen, die letztlich die Grundpfeiler unseres Daseins und Wirkens ergeben.
Nun gut, lasset das Kind Menschheit in den Brunnen fallen, damit es lernt, sich von da an aus eigener Kraft aus jedem gottverdammten Brunnen dieser Erde zu ziehen.
Wir sind eben alle, egal welchen Alters, trotzdem noch kindlicher, ursprünglicher Natur.
Trotz all unserer Versuche, so erwachsen (und somit unnatürlich) wie möglich zu sein.
Und ständig müssen wir uns mit diesem Widerspruch auseinandersetzten, ständig werden wir zum einem mit unserer ursprünglichen Natur konfrontiert, zum anderen mit künstlichen Vorstellungen, wie jemand zu sein hat. Von Werten, die von Gesellschaft zu Gesellschaft variieren.
Ich weiß nur eines: Man kann sich nicht gegen seine Natur stellen, die Niederlage und das Unglücklichsein sind vorprogrammiert. Und mit Natürlichkeit und Ursprünglichkeit meine ich nicht, wir sollen alle in irgendwelche Höhlen ziehen und Bisons jagen, ich spreche von unserer geistigen Natur, welche wir solange außer Acht gelassen haben. Die automatisch das Beste für uns und unsere Umwelt wählt, die uns *gut* sein lässt.
Das kindliche Natürliche und das spätere durch Erziehung und Gesellschaft auferlegte, antrainierte Soll-Verhalten, lassen sich nun mal nicht vereinen, weil sie sich widersprechen.

*Oder doch? Indem du eine Balance herstellst ...*

Also, was tun? Borderline-Persönlichkeiten beispielsweise nutzen hier das Abspalten, zwar an sich nicht bewusst, aber wir tun es. Wir trennen somit das eine vom anderen. Leider führt dies dazu, dass wir permanent unsere eigene Authentizität in Frage stellen, unsere eigene Richtigkeit, unsere Existenz. Eigentlich eine logische Folge dessen, könnte man meinen.
Sicherlich, Kinder brauchen Führung, sie brauchen Struktur, um sich wohl zu fühlen, sicher zu fühlen, sie sind angewiesen auf Normen und Werte, bestimmte Richtlinien. Aber wann wird aus einer leitenden Hand eine schlagende Hand? Die jedes Kind dazu bringt, zusammenzuzucken, noch bevor es überhaupt einen Fehler begehen konnte? Ich hoffe und wünsche allen zukünftigen Kindern, die dieser Erde geschenkt werden, dass sie fähige Eltern haben, die diesen zugegebenermaßen schwierigen Spagat schaffen.

Ich weiß, was habe ich schon zu sagen, ich bin ja nur ein unreifes, 20 Jahre altes Ding, das keine Ahnung vom Leben hat. Ich beschwere mich über das, was alles schief läuft, denke nur über meine eigenen Fehler nach und vor allem über die vorangegangener

Generationen. Wären wir in den 60ern, hätte ich bestimmt das nächste *Woodstock* organisiert.
Alles, was ich immer wollte, war den Ursprung von allem Negativen, dem Negativen, das ich aus meiner Ur-Heimat nicht kannte, zu ergründen.

*Und genau das ist es auch was du schon lange machst, Kindchen.*

Jedenfalls, ein Vögelchen hat mir gezwitschert, ich solle eine Balance finden. Und weil gerade wir „gestörten Persönlichkeiten" nur zwischen zwei Extremen hin und her zu pendeln scheinen, gerade deshalb werden wir am Ende diese beiden gegensätzlichen Pole zu einem Ganzen verbinden können. Indem wir wachsen, uns darüber stellen, sie von oben betrachten und die Verbindungslinie erkennen. Man schaue sich nur mal unseren Erdball an. Als kleiner Mensch selbst, der wir von hier unten aus sind, sind wir nicht groß genug um beide Pole zur gleichen Zeit wahrzunehmen. Wir sind ihnen ergeben, wechseln von einem zum anderen, können nie gleichzeitig an beiden sein, beide gleichzeitig fühlen.
Jedes Gefühl, sei es auch noch so negativ, hat eine andere, entgegengesetzte Richtung, wenn man so will. Weil sie aus dem gleichen Ursprungsgefühl gemacht sind. Man muss es sich nur wandeln lassen, das Gefühl, es lenken. So kann aus Aufregung Gelassenheit werden. Aus Neid Gunst. Aus Angst Verstehen – und somit der Angst den Wind aus den Segeln nehmen. Es ist uns möglich aus etwas Schlechtem etwas Gutes zu machen. Und wir ganz alleine entscheiden, welche Richtung wir wählen.
Wenn ich also das große Ganze sehen kann, mich über alles Niedere und Verwirrende stellen kann, dann werde ich nicht mehr *nur* mehr meine Gefühle sein. Ich werde ihnen überlegen sein, erkennen wie schwach sie doch sind im Gegensatz zu mir, dem höheren Selbst und Verstand, der ich jetzt (wieder) bin. Ich werde auf sie herabsehen, gutmütig und interessiert, so wie ich sie auch zuvor wahrgenommen habe, bevor ich als Mensch auf die Erde kam. Ich werde wissen, wie sind entstanden sind und sie dadurch verstehen. Und dieses Verstehen, dieses Wissen wird mich ihnen überlegen sein lassen.

Euch Menschen kann alles genommen werden, absolut alles ist im Leben vergänglich und nichts wird je sicher sein. Außer ihr selbst. Wenn ihr euch doch endlich neben all dem Gefühlswirrwarr und einengendem Ego erkennen könntet. Und wenn ihr euch mit eigener Kraft aus euch selbst heraus verwandeln würdet, dann könntet ihr wirklich euer eigenes, unabhängiges und vor allem zufriedenes Wesen werden. Egal, welchen Mist euch das Leben so vor die Füße wirft. Im Klartext: Ich komme nicht klar im Leben? Schmeiß mich raus, setz mich aus in der tiefsten Wildnis, bei Nacht mit nichts außer mir selbst und entweder sterbe ich und gehe ein oder aber ich lerne zu überleben und komme irgendwann, nach Jahren möglicherweise, wieder als neuer, geheilter Mensch zurück.

Ich hätte mir tausend Selbsthilfebücher holen können, ich hätte mir Hilfe in irgendeiner unnützen und schwachsinnigen Religion holen können, bei einem sich nicht ständig wechselnden Therapeuten – bei anderen Menschen und ihren Anschauungen eben, so wie jeder andere sich Hilfe woanders suchen würde. Aber ich tat es nicht. Weil ich es ihnen sowieso nicht geglaubt hätte. Weil ich absolut alles angezweifelt hätte, früher oder später. Deshalb zog ich mich zurück. Deshalb war und bin ich isoliert. Mitunter. Weil es mich natürlicherweise und auch durch äußere Umstände und Ereignisse wieder weg zog von eurer Welt. Zurück zu mir selbst.

Die Wildnis an sich tauchte das erste Mal als Gedanke in meinem Kopf auf, als ich etwa acht oder neun Jahre alt war, begleitet von einem unheimlichen Drang in die selbige zu gehen, um darin zu leben. Nicht für immer, nur für eine Weile. Ich verstand dieses neue, extrem starke und keinen Sinn machende Bedürfnis einfach nicht und es führte damals nur dazu, dass ich mich noch unnormaler fühlte und davon überzeugt war, dass etwas mit mir nicht stimmte. Vor allem, nachdem meine Eltern langsam begannen sich in Bezug zur Wald-Sache wirklich Sorgen zu machen. Immer wieder, über Jahre hinweg brachte ich das Thema auf, von Präsentationen und eigens gezeichneten Karten unterschiedlicher Wälder unterstützt, versuchte ich sie doch tatsächlich davon zu überzeugen, mich für zwei, drei Wochen im Wald campen zu lassen. Natürlich setzten sie mich nicht im Nirgendwo aus und ich hörte irgendwann auf davon zu reden, aber der Drang verschwand nie ganz.

Letztendlich holte ich mir jene Isolation selbst, in meine eigenen vier Wände, und der ganze Prozess würde anstatt ein paar Wochen – wie ich damals als naives Kind annahm – Jahre dauern.
Ich war wie eine Pflanze, die versuchte aus verfaulten Wurzeln heraus zu wachsen und deshalb musste ich zum Anfang zurück, zu meinen eigentlichen Wurzeln, meinem eigentlichen Ich. Und zurück zur Wurzel allen Übels, alles Negativem, bestimmten schlimmen Ereignissen. Und ich hatte immer gehofft dann endlich zu einer gesunden Pflanze heranwachsen zu können. Welche dann später aktiv zum Erhalt und der Nährung der Umwelt beitragen kann um die lebenssichernde Balance nicht zu gefährden, ohne die die Welt hier unten einfach nicht existieren kann.
Ich muss erst richtig sein und mich richtig fühlen, um Richtiges, Gutes, weitergeben zu können. Und dann, wenn ich mein Potential entdecken und erkennen könnte, dann würde sich auch mein eigener Weg vor mir auftun. Denn es gibt für jedes Wesen, welches zur Erde hinabgeschickt wird, einen Weg und etwas, das es einer Symbi-

ose gleich unbeschreiblich glücklich und erfüllt werden lässt und gleichzeitig auch die Gemeinschaft bereichert, etwas das einfach *richtig* ist. Und nicht etwas, das ich einem anderen erst wegnehmen, stehlen muss, um es selbst zu besitzen und um mir daraus dann mein scheinbares Glücklich-sein zu ziehen.

### *07.04.2011, 03.12 Uhr, Gefühle*

Vielleicht sollte ich zu Zwecken der Selbstreflexion eine Liste mit Gefühlen erstellen, welche aushaltbar sind und welche eher weniger. Denn ich habe so das Gefühl, ich unterschied nur noch zwischen aushaltbaren Gefühlen und denen, die unerträglich waren.
Es gab kein schön mehr oder traurig, kein zufrieden oder betrübt. Diese Bandbreite konnte ich leider die meiste Zeit über nicht bieten. Und wenn, dann wechselten sie sich alle halbe Stunde ab. Ich merke schon, das schreit förmlich nach Ausgleich ...

*... Soll es weiter schreien, du hörst ja so oder so nur auf die Stimme in deinem Kopf und damit meine ich nicht mich, sondern Es ... das Schlechte ...*

Irgendwie wirken diese emotional aufgebauschten Soaps immer so gestellt, so künstlich.
Ich habe vier SMS auf meinem Handy, unter anderem von Michael, die ich – ohne sie überhaupt zu lesen – gleich gelöscht habe. Weil ich weiß, dass sie so oder so von irgendwelchen Leuten kommen, die mich nicht interessieren und mir nur wieder indirekte Vorwürfe machen, wieso ich mich nicht melden würde. Es tut mir leid. Ich kann einfach nicht.
War ich, bei aller Emotionalität, in Wirklichkeit ein echter Gefühlskrüppel?
Denn die größten literarischen, musikalischen, malerischen Kunstwerke unserer Zeit und der Vergangenheit basieren doch auf genau jener Emotionalität, starken Gefühlen, wie Hass und Liebe. Ich verstand sie nicht ganz. Macht mich das dann automatisch zu einem Unmenschen? Oder war ich einfach nur eine neue Seele in einer fremden Welt, die erst lernen musste mit ihr umzugehen?
Die Menschheit lebt doch von der Kunst. Der Kunst, sich selbst auszudrücken, darzustellen, sich zu verewigen, und das in einer Welt, deren erstes Gebot Abschied und Vergänglichkeit, lautet.

*Ich will auch meinen Platz haben und mich verewigen, ihr wollt mir doch nicht sagen ich sei umsonst auf diesen beschissenen Planeten gekommen!?*

Aber dies ist auch nicht der eigentliche Sinn der Kunst. Kunst war seit jeher eigentlich nur ein Werkzeug, um Zustände oder Ereignisse zu beschreiben und zu verdeutlichen, die eigentlich noch zu hoch für einen Menschenverstand waren. Wie etwa „Spirituelles", Gefühle oder höhere Physik. Man muss nur mal an die Bibel denken, an das erste Ereignis überhaupt, welches für euch Menschen von Interesse sein sollte, Adam und Eva. Man hat allerhand Metaphern und bildliche Vergleiche verwendet um den damaligen, geistig sogar noch begrenzteren Menschen einen einfachen Vorgang zu erklären: Warum und wie die Menschen überhaupt auf die Erde kamen. Die Ablösung von einem größeren Ganzen, einer Zelle, die das gesamte Universum darstellt, um eine eigene kleine Zelle zu werden, die dann wiederum ein eigenes, selbstständiges Lebewesen werden wird, welches andere Lebewesen produzieren kann. Essentiell. Weil wir unsere eigenen Wesen mit eigenem Gefühl für uns selbst, genannt Ego, werden wollten.
So wie der Ursprung des Universums selbst, ein Wesen, welches sich aus sich selbst heraus schuf und so einen ewigen Kreislauf aus Leben und Sterben und Werden in Gang setzte, den natürlichen Zyklus. Ein eigenes Ego zu haben klingt toll, oder? Na, dann schaut auch doch mal all das Leid und die unerträglichen Zustände in den menschlichen Köpfen an ...

Jedenfalls aber gab es stattdessen bei Adam und Eva haufenweise Schlangen und Äpfel und Nacktheit in einem Garten. Und einen zornigen Gott, der die beiden auf die Erde verbannte. Was für einige lustige Spaßvögel heutzutage Grund genug ist, sich über die Dummheit der Menschen damals lustig zu machen, die keine Äpfel essen durften und über ihre zornigen Götter, die demnach fälschlicherweise (genauso wie die Menschheit selbst) niederen Gefühlen wie Zorn und Rache ausgesetzt waren. Und über des Menschen allgemeine Furcht vor dem, was er noch nicht begreifen und verstehen konnte. Nicht realisierend, dass sie sich kein bisschen von den damaligen Menschen unterscheiden und sich andere, Höherentwickelte, in 600 oder tausend Jahren genauso über sie lustig machen werden. Beziehungsweise wohl eher mit Nachsicht auf sie blicken werden. Waren sie doch auch einmal Kinder und dumm, bevor sie wuchsen und sich entwickelten.

### *07.04.2011, 19.07 Uhr, Vorsicht, herunterfallender Bauschutt!*

Ich finde, man sollte ein blinkendes Neon-Leuchtschild an der Erde befestigen, als Warnung für alle Aliens, die vielleicht darüber nachdenken, die Erde in Menschengestalt zu besuchen.
*Under Construction* könnte darauf stehen, oder aber *Vorsicht, herunterfallender Bauschutt.*

Das wäre fair gewesen. In Anbetracht der jetzigen Verfassung der Menschheit sogar notwendig. Gut, ich bin auch eine der ersten, die über den *Frisch gewischt* Boden im Kaufhaus schlittern und sich sämtliche Knochen brechen, weil das rein obligatorische aus Versicherungsgründen aufgestellte gelbe Warnschild einfach zu klein war und ich zu sehr in Gedanken. Aber zumindest hätte es einen Warnhinweis gegeben. Aus Prinzip.

*Den gab es doch, Schätzchen ...*

Aber da ich jetzt anfange kindisch zu werden und mir dessen bewusst bin, höre ich auf, mich in die Dinge hineinzusteigern und gebe zumindest Michael das Alles ist in Ordnung, Alles ist gut Pflaster, damit er aufhört rumzujammern.
Warum lasse ich immer wieder Leute in mein Leben, die ich gar nicht darin haben will, nur weil sie mich mit Schuldgefühlen weich kochen und sie mir leid tun? Warum fühle ich mich so sehr verantwortlich für das Wohlergehen der Menschen um mich herum, so sehr, dass ich mein eigenes vollkommen außer Acht lasse? Es war einfach immer schon viel zu viel Verantwortung, besonders als ich noch Kind war und sie mich damit vollends erdrückten.

### 07.04.2011, 23.30 Uhr, Liebe, das Spiel des Lebens, meine Ankunft

Bin ich vielleicht wie ein unreifes Kind, das einfach noch nicht verstehen wollte, dass die Einschränkungen, die so ein menschliches Dasein an sich hat, auch für es selbst gelten? Muss ich mich in diesem Fall vielleicht erst noch daran gewöhnen? Man könnte denken, so etwas geschieht automatisch während der 20 Jahre, die ich bereits hier auf der Erde bin.
Außer irgendein Teil von mir wehrt sich dagegen hier *ganz* zu werden, ein Teil dieser Welt, ein Mensch zu sein, mit all den vermeintlichen Fehlern und Schwächen, Unklarheiten und Missverständnissen, mit all den scheinbaren Niederlagen und Ungerechtigkeiten. Mit all der Machtlosigkeit, mit der wir uns auseinandersetzen müssen. Aber Fakt ist, ich wollte ein Mensch sein. Diese wichtige Information fiel mir wieder ein, nachdem ich voriges Jahr meine Wurzeln wieder fand. Denn jedes Menschenkind, welches unserer Erde geschenkt wird, ist aus freien Stücken hier. Nun stellt sich mir die Frage, wieso wollte ich das, wenn ich es doch scheinbar doch nicht mehr will? Weil es etwas gibt, das man nur als Mensch erfahren kann: Liebe. Und tausend andere unglaublich faszinierende Gefühle. Sicherlich, es gibt viele Arten von Liebe, aber die aufrichtige, menschliche Form ist eine ganz besondere, worum euch sogar die, die ihr Engel nennt, beneiden.
Und noch etwas, um das sie euch beneiden: Wie ihr wachst und verkümmert und eingeht und euch wieder aufrichtet. Wie ihr aus etwas ganz Kleinem und Unschein-

barem etwas ganz Großes, Fantastisches schaffen könnt. Genauso wie der/das, was ihr Gott nennt. Sie beneiden euch um eure Schöpferkraft. Und diese gewaltige Urkraft, die in allen Menschen wohnt, ist das Resultat eines freien, unabhängigen Willens, dem sich alle anderen Lebenserfahrungen und Einflüsse (mögen sie förderlich oder hemmend gewesen sein) beugen müssen. Euer freier Wille ist ein Geschenk. Nutzt ihn, um Gutes zu tun und euch über das Schlechte in dieser Welt zu stellen. Seid wieder selbstlos. So wie ihr es zuvor wart, bevor ihr alle hier her kamt. Mithilfe eures eigenen Ichs. Denn selbstlos zu sein bedeutet nicht, euch selbst aufzugeben. Beides lässt sich sehr wohl verbinden. Die destruktiven Verhaltensweisen, die ihr euch antrainiert habt, eure tiefsten Ängste und schlimmsten Erfahrungen, wie Missbrauch und Misshandlung, eure inneren Zwänge und alles, was eben nicht gesund und richtig ist, alles wird sich eurem Willen beugen müssen. Und ihm weichen. Früher oder später. Wer garantiert mir, dass ich – die nicht einmal ohne, dass ihr die Tränen kommen, einem Käfer zusehen kann, der verzweifelt im Todeskampf auf dem Rücken liegt – nicht etwa zu einem Bombenattentäter ohne Gefühl und Respekt für andere Menschenleben geworden wäre, wäre ich im entsprechenden Kulturkreis mit den entsprechenden Anschauungen groß geworden. Negative, unglaublich prägende Einflüsse. Die aus einem grundsätzlich guten neuen Menschen-Wesen jemanden machen können, der allerhand Grauen über seine Mit-Lebewesen bringt. Nichts schützt mich davor, in einem vielleicht nächsten Leben genau solchen Umständen ausgesetzt zu sein. Heißt das, ich habe keine Chance und werde dann automatisch das Negative, Schlechte in dieser Welt weiter tragen? In mir und vielleicht sogar nach Außen? Nein. Nicht, wenn ich in der Lage bin mein wahres Ich überall zu finden, welches im Grunde immer gut, immer *richtig* ist und handelt. Sogar falls jemand versuchen würde (möglicherweise über Jahre hinweg) mein Gehirn zu waschen (ein Prozess welcher in Anbetracht der menschlichen Psyche erschreckend einfach sein kann). Mein wahres, höheres Ich ist nämlich kein Teil des Teufelskreises aus Schlechtem, das wiederum Schlechtes erzeugt. Ich kann mich mit ihm und dem Wissen, welches es mit sich bringt, über jenes niedere Teufelsrad stellen und aus meinem freien Willen heraus die Entscheidung und Erkenntnis treffen, dass ich kein Teil davon sein möchte. Nicht mehr.

Ich kann nur noch eines sagen: Es ist etwas ganz anderes, selbst mitzuspielen, anstatt das Menschen-Spiel sonst immer nur vor dem Fernseher zu verfolgen. Etwas ganz, ganz anderes ... Und ich bin froh, dass ich vorher nicht genau wusste, was mich auf dieser Welt erwarten würde. Ich glaube, sonst wäre ich niemals freiwillig hierhergekommen. Bei meiner Geburt hätte ich es mir schon fast anders überlegt. Ich hatte meine Nabelschnur dreimal um den Hals gewickelt und wäre fast erstickt. Glücklicherweise konnte ich mich irgendwie selbst befreien und das war die erste Erfahrung, die ich hier auf der Erde sammeln durfte. Keine besonders gute, das Leben schon gleich mit einem Todeskampf zu beginnen. Hätte ich damals gewusst, dass sich jener Todeskampf noch bis hin zu meinem 20. Geburtstag und darüber hinaus zieht, ich wäre wirklich gestorben, vor Verzweiflung.

### 08.04.2011, 12.30 Uhr, Mein Traum

Es ist wirklich praktisch, dass man sich neuerdings Medikamente auch an einen Drogeriemarkt liefern lassen kann. Schön unauffällig und man spart sich einiges an Geld. Man geht mit einem Abholschein rein, den man sich zuvor aus dem Internet herunter geladen hat und spaziert mit einer Kiste Schlaftabletten wieder nach draußen.

Ich war vorhin bei J., um mir meine allwöchentliche Ration Gras zu holen. Sie begrüßte mich mit den Worten: „Woah Jane, was hast du für Teller!?" Sie spielte wohl auf meine riesigen schwarzen Pupillen an. „Naaa, schon wieder gut unterwegs, die letzten Tage, was?" Nein, ganz bestimmt nicht. Denn aus dem Alter bin ich längst raus. Ich weiß mittlerweile, was gut für mich ist und Amphetamine gehören ganz bestimmt nicht dazu. Ich war wirklich etwas überdreht, also verabschiedete ich mich nach wenigen Minuten wieder, ich hätte einen längeren Weg vor mir, ich sei ja mit dem Fahrrad gekommen. „Wohin geht's?" fragte mich J.. Ich sagte ihr, dass ich gleich nach Hause fahren würde, da ich ziemlich kaputt wäre. Darauf folgte ein lang gezogenes „Waaaas?" untermalt mit einem ungläubigen Grinsen. „Du fährst diese Strecke mit dem Fahrrad!? Ernsthaft?" Sie fragte mich anschließend noch, wie lange ich für die ganze Strecke bräuchte. Ich verdoppelte meine tatsächlich benötigte Zeit und kassierte ein weiteres: „Was, so schnell?" Aber ich brauchte ihr gar nicht mehr zu antworten. Sie nickte nur wissend, ich sah die Erkenntnis, dass eine ordentliche Portion Speed und gute Musik im Ohr doch ganz nett sein können, in ihren Augen aufblitzen und wünschte ihr einen schönen Tag.
Klar, im Endeffekt wäre es mir dann doch lieber gewesen, ich wäre verstrahlt, aber dafür glücklich unterwegs gewesen, als mich total zu überanstrengen und hinterher keuchend vor unserer Haustüre zusammenzubrechen. Aber wie man sieht, brauche ich keine Drogen, um so auszusehen, als wäre ich seit vier Tagen unterwegs und hätte keine Sekunde geschlafen.
Ich glaube sogar fast, ein Party-Marathon wäre gesünder gewesen, als das, was ich hier gerade mache. Aber eigentlich ist das Schwachsinn, immerhin habe ich einen Traum, den es zu verwirklichen gilt. Einen Traum, der darüber hinausgeht, völlig realitätsfern bei irgendeinem Typen im Nirgendwo aufzuwachen und mich fragen zu müssen, was in den letzten Stunden geschehen ist und wie ich hierher gekommen bin.
*Nein, danke.*

Ich will mich nicht mehr schmutzig machen, jetzt, wo ich gerade so hart daran arbeite, den ganzen Dreck loszuwerden.

*„Ich habe so das Gefühl, allen geht es nur noch darum, etwas Besonderes zu sein.*
*Und wenn sie es denn sind, wollen sie nur noch eines: Sein wie die Masse.*
*Das ist auch nicht falsch, solange man sich eingliedert wie das fehlende Puzzleteil.*
*Aber nicht, wenn man in ihr untergeht oder gar verschwindet."*

Und dann fällt es mir wie Schuppen von den Augen: Es ist völlig in Ordnung, meine eigene Sicht auf die Dinge zu haben. Entgegen aller pädagogischen Maßnahmen, die versucht hatten, mich vom Gegenteil zu überzeugen. Es ist in Ordnung und es ist gut. Für den Moment.
Ich hoffe, ich behalte diese Erkenntnis in Erinnerung, damit ich nicht vergesse, dass ich Fehler haben darf und jene vielleicht gar keine sind. Aber der Moment wird vorübergehen und wahrscheinlich werde ich es später sowieso nicht mehr glauben und mich des Selbstbetrugs bezichtigen. So wie immer. Bisher.

*Lieber das Pflaster langsam, aber dafür aushaltbar abziehen, als es kurz und schmerzlos abzureißen. Und den wahrscheinlich gerade erst gebildeten Schorf mit dazu, sodass die Wunde erneut aufreißt und deine Seele gleich mit.*

Und dieses „Bisher" lief immer so ab: Es war, als würde man kopfüber zum Ausbluten an einen Baum gehängt und wenn man dachte, es sei endlich vorbei, sechs Liter Blut müssten mittlerweile längst in der verfaulten Erde unter einem gesickert sein, dann kam irgendjemand mit einer fiesen Spritze und Schläuchen, verabreichte einem exakt so viel Blut, dass es gerade noch so zum Überleben reichte und verschwand dann wieder und wünschte einem „Fröhliches Hängen". Und damit will ich nicht verdeutlichen, dass ich die Verantwortung für mein Leben an irgendwen anderen abgab, ich war sauer, weil dieser Jemand (und damit meine ich niemanden bestimmtes) dies ungefragt und scheinbar in der Absicht, mich leiden zu sehen, tat.
Ich weiß, das ist nicht der Fall, allerdings kommt es doch letztendlich nur darauf an, worauf es hinauslief. Und der wirklich ätzende Teil der Geschichte war, dass sich genau dieses Spiel immer und immer wiederholte. Als müsse man sich eine besonders nervtötende Folge einer besonders nervtötenden Sitcom in einer Dauerschleife ansehen, inklusive Lacher und Applaus vom Band. Wobei ... sollte man es nicht eher mit einer dieser Alle-Arbeitslosen-haben-Zeit-die-zu-gucken Nachmittagstalkshow vergleichen, in der man sich bloßgestellt um Kopf und Kragen redet und Buhrufe erntet? Ich bin allerdings froh, dass ich dieses Thema gerade aus einer gewissen Distanz beobachten kann. Es amüsiert mich schon fast ein wenig.

*Gut so, Humor ist immer gut.*

Da fällt mir doch gleich noch eine witzige Anekdote ein.
Denn hätte man mich vor sieben oder acht Jahren gefragt, welche der beiden mir in die Wiege gelegten Veranlagungen ich lieber hätte, die zu Geisteskrankheiten oder die

zu Krampfadern, ich hätte ersteres gewählt. Denn wie auch die meisten Menschen um mich herum, ging ich davon aus, dass es besser sei, äußerlich schön zu sein und innerlich zu verfaulen, als umgekehrt. Immerhin sind wir in dieser Gesellschaft darauf bedacht, unsere äußere Maske zu wahren, denn es scheint einfacher, an seinem Äußeren zu arbeiten, als den wirklich schwierigen und wichtigen Teil in Angriff zu nehmen, das Innere. Ich machte den Fehler anzunehmen, dass äußerliche Gesundheit und Schönheit mich auch innerlich heilen, ganz werden und mich endlich in mir selbst wohl fühlen lassen würden.
Was für ein dummes und törichtes Mädchen ich doch war. Glücklicherweise begriff ich schnell, dass dies einer der meist zelebrierten und größten Irrtümer der Menschheit ist. Denn Reinheit und Gesundheit und vor allem Schönheit kommen von Innen. Und das ist kein dummer Spruch. Es ist die Wahrheit, denn unsere Körper sind Spiegelbilder unserer Seele.
Nicht umgekehrt.

Soll ich jetzt glücklich sein, weil ich es scheinbar schon einmal hinbekommen habe, wie ein echter Mensch zu denken und zu handeln?

## 08.04.2011, 23.30 Uhr, Ich bin ein Mensch und was fange ich jetzt mit mir an?

Ich dachte immer, vielleicht schaffe ich es ja neue, epische Grundsteine zu legen und werde einer der wenigen Kiffer, die nachweislich während ihrer Konsumzeit etwas zu Stande gebracht haben? Aber nein, das würde bedeuten, ich würde mich als Kiffer bezeichnen, was ich eindeutig nicht war. Wo ich doch in erster Linie eine Borderline-Persönlichkeit war.
Und das wiederum bedeutete, ich war eine neurotische, sich selbst verletzende, verhaltensgestörte, psychotische, bipolare aber meist eher depressive, posttraumatisierte, soziophobische und manipulierende Drogenabhängige, die nicht therapierbar war und sich 24/7 wie der Wolf im Schafspelz oder etwa ein Undercover Agent in feindlichen Gefilden wähnte und zu keinerlei zwischenmenschlichen Beziehungen im Stande war. Wie denn auch, ohne eigenes Ich. Ganz zu schweigen davon, dass ich es auch nicht sein lassen konnte und mich mit den gängigen Naturwissenschaften zufrieden gegeben hätte, nein, ich wollte ja absolut alles ganz genau wissen. Dass dieses Ziel etwas zu hochgesteckt sein dürfte und ich gar meinen Verstand aufs Spiel setzte, kam mir erst gar nicht in den Sinn.

Meiner Meinung nach – und das wird mir nun zum ersten Mal auf eindringliche Weise klar - war und bin ich in erster Linie einfach ein **Mensch**. Dessen gesamte nach-

folgende Störungen möglicherweise mit dem Verlust, dem Stehlen eines Teiles meiner eigenen Persönlichkeit zusammenhängen, Ereignissen die in meiner frühen Kindheit passiert waren und auf denen ich dann gezwungenermaßen aufbauen musste.
Eine Erkenntnis, die für andere vielleicht alles andere als eine Überraschung ist, aber für mich ist sie ausschlaggebend. Hatte ich mich doch immer unbewusst über jene Ereignisse und deren Folgen definiert und danach dann über meine erste Bezeichnung, die man mir auf dieser Welt gab, die der Borderline Persönlichkeit. Hatten sie mich doch verändert – so drastisch, dass ich nur noch eines tun konnte: mich selbst zu hassen. Und wer sich selbst hasst, kann nichts Gutes in diese Welt mit einbringen. Diese Erkenntnis und vor allem das Annehmen jener Erkenntnis bedeuten, dass ich nicht bin, wozu andere mich machten, sie bedeutet, ich könnte frei sein ... Ich könnte mein mir aufgezwungenes Gefängnis abstreifen wie eine lästige Kluft und ich selbst sein.

Man könnte meinen, mittlerweile wäre eine Woche vergangen, aber wir haben immer noch den 9. April 2011 und ich fürchte, ich muss meinen Kalender wirklich in die unterste (Winter-)Sockenschublade packen, sonst sitze ich morgen früh immer noch hier und schreibe.

### *09.04.2011, 12.00 Uhr, Jane kapituliert – zumindest beim Wäscheaufhängen*

Versuche weiterhin, fleißig zu sein und half meiner Oma beim Wäscheaufhängen. Jedes Teil, welches ich aufhängte, wurde natürlich sofort inspiziert und für nicht korrekt platziert, befunden. Selbstverständlich wurde ich auch mehrmals zurechtgewiesen und um ihrem berühmt berüchtigten abschätzenden Blick zu entgehen, nickte ich nur devot und versuchte so auszusehen, als wäre ich wirklich zu blöd um Wäsche aufzuhängen. Sprich, aufmerksam und interessiert.
Woher nimmt sie sich nur immer wieder das Recht, andere erwachsene Menschen, wie beispielsweise meine Mutter oder mich, permanent zurechtzuweisen, zu bevormunden und herabzusetzen? Wie kommt sie nur darauf, die Nachbarn würden sich dafür interessieren, ob ich für ein Handtuch zwei rote Wäscheklammern oder eine rote und eine gelbe benutze?
Ich sprach so oft mit meiner Mutter darüber und sie hat Recht, wenn sie mir sagt, dass man da einfach nichts mehr machen könne. Wenn ein Mensch seit mehr als einem halben Jahrhundert das Zepter in der Hand hat, darauf besteht, dass sich alles nach seinem Willen entwickeln soll, dann wird er es so einfach auch nicht mehr abgeben. Ich beschließe, es meiner Mutter gleich zu tun, denn ich habe keine Lust mehr auf die ewig wiederkehrenden Diskussionen, die irgendwann denselben wahnsinnig machenden Effekt haben wie die „steter-Tropfen fällt auf die Stirn"-Foltermethode.

Es ist wahr, ich, Jane Riley kapituliere vor einer über 70 Jahre alten, 140 cm großen Frau, deren Methoden besser funktionieren würden als sämtliche Kriegsführungsstrategien, von denen ich je gehört oder gelesen habe.
Manchmal ist es einfach besser, zwar seinen Stolz aufzugeben, aber dafür zumindest nicht seine Nerven zu verlieren.

### 09.04.2011, 14.00 Uhr, Ich wünschte, ich wäre gekommen, um etwas zu hinterlassen.

*Lasse die Wandlung zu.*
*Das Schiff verlässt so oder so den Hafen. Du entscheidest, ob du hinterherschwimmst oder ob du es steuerst.*

„Ach ja? Und wer zeigt mir, wie man ein Schiff steuert?"

*... learning by doing ...*

„Aha. Gibt es andere Passagiere an Bord, für die ich dann verantwortlich wäre, damit sie sicher wieder ankommen?"

*Durchaus.*

„Durchaus?"

*Ja.*

„Ich kann das nicht."

*... Du wirst.*

„Wie!?"

*... Du wirst ...*

Ich liebe Worte. Das geschriebene sowie das gesprochene Wort gleichermaßen. Vorausgesetzt, es schafft es, das was ich meine, so treffend wie möglich zu veranschaulichen. Meine Gedanken sind permanent überflutet von Worten. Ich liebe schwarze Tinte auf nicht ganz weißem Papier, sowie das kratzende Geräusch eines Stiftes, der beinahe auf den Seiten malträtiert wird – ganz anders als das charakterlose Tippen auf

meinem Laptop, welcher meine Worte zu leeren, tausendmal überflogenen Hüllen machen könnte. Davor habe ich Angst. Und der Grund, weshalb ich den Geruch von Büchern so liebe, ist sicherlich der, dass ich als Kind oftmals mit einem unter dem Kopfkissen eingeschlafen war.
Ich wünschte, ich könnte irgendwann einmal auch meinen Worten ein Zuhause geben. Sie beinahe unzerstörbar aneinander weben, zu einer vollständigen Geschichte, wie das Netz einer Spinne – ich glaube, dann wäre ich befreit. Erlöst.

*Nicht so, wie all die Fliegen, die bisher an deinen Worten kleben blieben.*

Ich wünschte, ich wäre gekommen, um etwas zu hinterlassen.

*Wenn du es schaffst, dass dein Herz im selben Takt schlägt wie das des Universums, dann hast du nichts mehr zu befürchten.*
*Was es ist, das Herz des Universums?*
*Die Antwort lässt sich im Wort selbst ablesen.*
*Es ist das* ***Uni*** *im Versum.*

Ich kann nicht mehr schlafen, mein Herz schlägt viel zu schnell und zu laut, ich habe das Gefühl, ich könne jeden Moment auseinanderfallen.

*... Hast du etwa Angst vor der Verantwortung, die ein freier Wille mit sich bringt?*

„Ich fühle mich wie der Elefant im Porzellanladen."

Ich wälze mich von einer Seite auf die andere, aber egal, wie ich auch liege, es ist immer zu hart und ich kann mein Herz immer noch deutlich in meiner Brust schlagen hören und vor allem fühlen. Es macht mich wahnsinnig. Meine Arme noch fester um mich geschlungen, so als versuchte ich mich irgendwie zusammenzuhalten, drehe ich mich mit dem Gesicht zur Wand und warte. Worauf, weiß ich nicht mehr. Vielleicht darauf, dass mich derjenige, der meine Bestellung aufgegeben hat, endlich abholt.
Ich spüre ein Ziehen in meinem Magen, welches mich wohl daran erinnern soll, dass ich zu viele Tabletten auf eigentlich permanent nüchternen Magen nicht sonderlich gut vertrage. Ich beschließe, zumindest die Schlaftabletten wegzulassen. Zum einen, weil sie, wie man sieht, sowieso nicht helfen, zum anderen, weil morgen Montag ist und ich mir somit ein neues Rezept für meine Valium holen kann, deren Wirkweise aus meiner Sicht eher weniger schädigend ist, als die der Schlaftabletten. (Vielleicht aber auch nur, weil sie verschreibungspflichtig sind und ich mir nicht jeden zweiten Tag ein neues Rezept holen kann, mir also folglich meine Vorräte gut einteilen muss und somit weniger konsumiere, vor allem weil ich gerne hamstere. Man weiß ja schließlich nie ...).
Aber zuerst muss ich zumindest den Sonntag überstehen und ich bete zu Gott oder wem auch immer, er möge mich bitte, bitte nur heute mit meinen gewohnten Stimmungsschwankungen verschonen und mir eine winzige Verschnaufpause gewähren.
Aber Gott hört mich nicht, zumindest antwortet er nicht. Also beiße ich die Zähne zusammen, stehe auf, ziehe mich an und gehe laufen. Sonntagmorgen gegen 5 Uhr ist wenigstens eine der Zeiten, in denen man Gelegenheit hat, alleine zu laufen und nicht alle zehn Meter von anderen Joggern überholt wird, die einem mit missbilligenden Blick darauf aufmerksam machen, dass das Schuhwerk, welches man trägt, höchst stümperhaft und unprofessionell ist. Nur Anfänger laufen in Chucks. Nun gut, falls ich mich irgendwann einmal in ein Sportgeschäft verirre, werde ich mir Laufschuhe zulegen. Versprochen.

Schweißgebadet wache ich auf, ein schmerzhaftes Ziehen in der Magengegend bringt mich dazu, mein Gesicht in meinem Kissen zu vergraben. Es soll jeden Laut dämpfen. Ich wünschte, ich könnte einfach mal wirklich schreien ...
*Reiß dich zusammen*, ermahne ich mich, gleichzeitig versuche ich mich daran zu erinnern, wie man atmet. Und es gelingt mir letztendlich, nur irritiert mich mein viel zu schneller Herzschlag – ich kann nicht im selben Takt wie er atmen, sonst würde ich keuchend daliegen wie eine Schwangere, die gerade ihr Kind gebärt. Ich versuche aufzustehen, auch hier bin ich wohl etwas zu hastig, denn plötzlich übermannt mich heftiger Schwindel. Millionen kleine Ameisen, die meinen Körper entlang krabbeln. Nein, Federn, die sanft meine Haut streicheln ...

„Ich wünschte auch, ich hätte jemanden oder etwas, das mir sagt, was wirklich richtig oder was falsch ist ..."

*... So etwas lernt man mit der Zeit, man entwickelt ein gewisses Feingespür für die Dinge. Dein wahres Ich kennt die Antwort auf jede nur erdenkliche Frage, dein wahres Ich kennt Richtig oder Falsch.*

„Was, wenn man sich irrt und damit Türen verschließt, die eigentlich hätten offen bleiben sollen? Vielleicht sogar unwiderruflich?"

*... Deshalb glauben manche Menschen an das Schicksal. Erinnerst du dich, du gehörst zu ihnen. Du hast es dir sogar vor Jahren unter die Haut stechen lassen. Sie glauben an die Vorbestimmung, damit sie in der Fülle all ihrer Möglichkeiten nicht ertrinken, damit Zweifel an der Richtigkeit ihres Weges nicht jeden neuen Samen sofort im Keim ersticken ...*

Vorsichtig setzte ich mich auf, streiche mir ein paar lose herunterfallende Haarsträhnen aus dem Gesicht und überprüfe die Lage. Der Schwindel lässt nach und ich halte meine Nase in den Wind wie ein Reh, das versucht potentielle Gefahren zu wittern, bevor es zu spät ist.
Wie fühle ich mich heute? Gibt es einen realistischen Grund, Angst zu haben, einen Grund, der die vermeintliche Pseudo-Harmonie zuhause stören könnte? Etwas, das mir gefährlich werden könnte? Ist wirklich alles einigermaßen in Ordnung? Jeden Morgen dieselben Fragen, deren Antworten ich mir sparen könnte, denn ich traue ihnen ja doch nicht.

*... Was erwartest du? Dass jeden Moment das Dach über dir einstürzt?*

„Schon möglich."

Ich strecke mich und betrachte meine Hände, sie zittern. Es klingelt an der Haustüre. Erschrocken zucke ich zusammen, obwohl ich nichts zu befürchten habe. Meine Mutter ist es gewohnt, mich zu verleugnen, ich muss es ihr nicht einmal mehr auftragen. „Nein, Jane ist nicht da, kann ich ihr etwas ausrichten?" Sie bleibt immer freundlich. Gegenüber anderen zumindest. Es könnten natürlich auch die Bullen sein (Gott behüte), wäre ja nicht das erste Mal. Aber bitte, das *Scheißgras* können sie gerne mitnehmen (bloß nicht), ich muss nießen davon. Irgendein Arschloch hat sich wohl dazu entschlossen, das Gras noch in der Blütezeit mit irgendwelchen Chemiekeulen zu düngen. Der Geruch, der nach dem Anzünden eines Topfes mit diesem Gras zurückbleibt, erinnert mich stark an Ammoniak.
Na ja, denke ich, wenigstens schwillt mein Auge nicht an, wie das von J.
Still sitze ich da und lausche. Es ist nur der Postbote.

*... Finde dein Maß ...*

„Was?"

*... Das Maß aller Dinge ...*

# Janes Beweis

*11.04.2011, 21.30 Uhr, Ein sichtbarer Beweis für das Unsichtbare*

Ich wollte dieses Foto, wollte es am Tag des Fastenbrechens, dem 13.04. schießen. Weil es den Schmerz greifbar, real machen würde, und nur dann und wenn ich bis zum Äußersten gehe, nur dann kann ich ihn anerkennen, ihn annehmen und schließlich mit ihm leben. Oder sterben. Ein Foto von meiner bloßen Haut und meinen bloßen Knochen. Als Resultat meines Durchhaltevermögens.

*Brauchst du ihn wirklich noch, Jane? Einen greifbaren Beweis für eine innere Wandlung, die stärker ist als alle körperlichen, greifbaren Elemente dieser Welt zusammen?*

Es mag sich nur um ein Foto handeln, für mich aber ist es ein Beweis. Ein Beweis für meine Existenz und für den Schmerz, der zuvor unsichtbar in mir weilte und vor allem aber – und das verstehe ich erst jetzt – für meinen Willen. Ein greifbarer Beweis. Ein Beweis, den ich wie eine Schmusedecke mit mir herumtragen kann, um mich immer wieder vergewissern zu können, dass er real ist, mein Wille. Dass ich real bin. Um einen Beweis für meine eigene innere Kraft zu haben, den ich nie wieder selbst anfechten kann.
Ein Foto meiner zwar destruktiven aber definitiv in mir wohnenden Kraft. Und da diese Kraft denselben Ursprung hat, nämlich mich selbst, könnte ich sie nun genauso gut auch für Konstruktives verwenden ... Für Gutes. Es ist für niemand anderen gedacht außer für mich selbst. Bevor man loslassen kann, muss man die Dinge erst einmal annehmen. Um sie dann letztendlich vollständig in einem kleinen, beschrifteten Karton irgendwo vergraben zu können.
Und der einzige Weg, wie jemand wie ich Dinge annehmen und verarbeiten kann, scheint ein ziemlich radikaler gewesen zu sein. Doch gab es keine Alternative. Zumindest nicht für mich.
Nicht mehr.

*12.04.2011, 15.15 Uhr, ... and my heart keeps beating like a hammer*

Ich mochte es, zu sehen, wie sich mein Körper verändert, sich meinem Willen beugt. Nicht so wie meine Gefühle. Diese Veränderung war eines der wenigen Resultate meines Daseins.

Eine Bestätigung meiner Existenz, meines Willens. Die Bestätigung, nach der ich so lange gesucht hatte. Und ein Weg, um zwar langsam aber dafür diesmal sicher gehen zu können, früher oder später.

*Help, I´m alive my heart keeps beating like a hammer* ... In Gedanken singe ich mit. Wenn ich all die anderen betrachtete, die mit mir hier unten waren, dachte ich immer: „Ich beneide euch, denn ihr scheint keine Angst vor dem Leben zu haben ..."
Und die Stimme in meinem Kopf antwortete mir immer:

*... Dafür hast du keine vor dem Tod ...*
*Eines Tages werden sie dich darum beneiden.*

Und jetzt ist der Tag des Fastenbrechens fast gekommen und ich hatte genug Zeit (und den Mut), mir zum allerersten Mal alle vorherigen Einträge in meinem Kalender durchzulesen.

Ich las und las und erkannte, dass ich mich für einen Weg entschieden hatte, der mich noch tiefer in den Abgrund führen sollte. Genau wie ich es in einem meiner Träume, dem Traum mit dem Brunnen, gesehen hatte. Und obwohl es irrwitzig war, weil er in den sicheren Tod führen würde – vor allem in Anbetracht meiner damals schon kritischen körperlichen Verfassung, bevor ich überhaupt mit dem Fasten begann -, scheint es, als habe ich vielleicht, nur ganz vielleicht, am Ende etwas ganz anders gefunden: Mich selbst ...
Es scheint, als habe ich endlich begriffen, dass ich nicht bin, wozu mich andere und bestimmte Erfahrungen gemacht haben. Ich bin nicht schlecht, nicht widerlich – unabhängig von all den negativen Ereignissen existiert ein ganz eigenes Ich, welches ganz war und gut und vor allem richtig. Ein Ich, welches behutsam mit sich selbst und seiner Umwelt umgeht und dessen größte Stärke Verständnis für alle Begebenheiten und Lebewesen dieser Welt ist.
Die schlimmen Dinge, die mir passiert waren, hätten jedem passieren können, es war nicht meine Schuld, es lag nicht an mir. Es fällt mir wie Schuppen von den Augen. Und mit mir selbst ist es mir nun möglich, auch meinen Platz in dieser Welt zu finden und mit ihm meinen Antrieb ... Denn das war es, was ich immer wollte: Meinen gerechtfertigten Platz in dieser Welt einnehmen. Und mit meinem Willen sind mir alle Instrumente gegeben worden, um genau diesen Platz zu kreieren!

### *12.04.2011, 18.23 Uhr, Metamorphose und Vergebung*

Ich hatte oft den Eindruck, andere Menschen wären mit mir überfordert, egal ob Freunde, (Ex-)Partner, (Ex-)Lehrer, meine Eltern, Therapeuten. Manche davon haben versucht, es sich nicht anmerken zu lassen, andere wiederum haben keinen Hehl daraus gemacht. Ich habe mich immer gefragt, wie das sein kann, wo ich mich doch schon permanent zusammengerissen habe?

Meine Metamorphose von der unvollständigen, blinden, hilflosen Raupe zum Schmetterling, der seine Flügel frei entfalten kann, erinnert (bei allen kitschig-schönen Metaphern) eher an ein blutiges Massaker, bei dem es mit Sicherheit einige Opfer gab. Und das tut mir aufrichtig leid, es geschah nicht in böser Absicht! Und wenn wir schon dabei sind:

Es tut mir auch leid, dass ich mir als Kind oft einen Spaß erlaubt habe, indem ich andere Kinder zu mir zum Übernachten einlud, ihnen Geistergeschichten erzählte und sie anschließend mit meiner wohl wirklich überzeugenden Vorstellung einer Besessenen zu Tode erschreckt habe. Wirklich, ich wusste damals noch nicht, wie überzeugend ich sein kann.

Ich vergebe hiermit allen Menschen, die mir besonders in Kindertagen Grausames angetan haben, ich vergebe euch die Gewalt, die Schmerzen, die Demütigungen. Ihr müsst euer wahres Ich schon vor langer Zeit verloren haben, um zu solchen Dingen im Stande zu sein und ich fühle mich unsagbar schlecht für euch, denn ihr wisst nicht und wusstet wahrscheinlich nie wie sich wahres Glücklich-Sein, Richtig-Sein anfühlt. Was ich euch nicht vergebe, ist die Tatsache dass ihr versucht habt, mir einzureden, eben jene Grausamkeiten wären gar keine und wenn, dann eben gerechtfertigt. Denn das waren sie nicht.

Aber ich verstehe, warum ihr so gehandelt habt. Es hätte euch zu sehr geängstigt, hättet ihr euch selbst und euren Taten stellen müssen. Und anstatt zuzulassen, dass sich das Teufelsrad weiterdreht, werde ich nicht wegsehen, wenn Unrecht geschieht! Weil ich jetzt über ihm stehen kann mit meinem zur vollen Größe gereiften Ich. Das ist ein Versprechen.

### *12.04.2011, 23.57 Uhr, Mein Körper*

Meine Muskeln schmerzen, ich fühle mich zittrig, nervös, kann weder still sitzen, noch liegen. Jede meiner Bewegungen, und sei sie auch noch so klein, schmerzt und kostet mich ungeheuer viel Kraft. Aber das spielt keine Rolle mehr. Sobald der Spuk vorbei ist (was er auch sein wird!), werde ich mich endlich ausgiebig um meinen Körper kümmern, ihn nicht mehr brechen wollen, ihn stark machen. Fast fühle ich mich schuldig ihm gegenüber und ich muss mich wieder erinnern, dass ich und dieser Körper jetzt ein und dasselbe sind und das bringt mich irgendwie dazu, zu lächeln. **Mein** Körper.

*Ha Ha! Ja, ich habe einen Körper, seht mich an, ich bin ein Mensch!*

Morgen ist Stichtag! Oder sollte ich eher sagen Fototag ... Der Tag des jüngsten Gerichts, sozusagen. Das Ende meiner Fastenzeit.

**_Danke_**

*Worte, die wie heißes, formbares Wachs auf Papier tropfen*
*Worte, die fesseln können*
*Worte, die befreien können*
*Worte, die mir einen Platz in dieser Welt zugestehen*

*Ich habe solche Angst euch zu verlieren noch bevor ihr meine Gedanken verlassen könnt –*
*Ich möchte nicht, dass ihr in meinem Geist versickert, ich möchte euch nach Außen tragen, damit ihr frei seid,*
*damit ihr leben könnt*
*Selbst dann, wenn ich es nicht mehr tue –*
*Ich möchte euch teilen, sowie ich meine Bilder teilen möchte, um mich mitzuteilen.*
*Denn ich habe etwas zu sagen. Wenn ich schon stumm bin, ihr seid es nicht.*

Mein ganzes Leben über habe ich mich versteckt. Grundlos. Das hat jetzt ein Ende. Ich dachte, ich bräuchte diesen ultimativen Beweis. Ich dachte, ich würde das Foto schießen, mich auf den Boden setzen und es von da an jeden Tag stundenlang anstarren müssen. Um mir meine eigens erteilte Lektion einzuprägen, zu verinnerlichen. Um sie nicht ständig wiederholen zu müssen. Die langweilige Wahrheit ist, ich habe es geschossen und schon jetzt kann ich mit einer unglaublichen Gewissheit sagen, dass ich es mir nie wieder ansehen werden muss. Ich brauche es mir nicht anzusehen. Ich dachte, ich müsse bis zum Tag X, dem des jüngsten Gerichts warten, um mir meine eigene Kraft und Stärke endlich zuzugestehen.

Die Kurzfassung scheint aber jene zu sein: Ich hielt das Leben nicht mehr aus. Ich wollte gehen. Ich schaffte es fast. Und war hinterher noch mehr gefangen in meiner unaushaltbaren Situation. Weil ich es, wie gesagt, nur fast schaffte und von da an noch mehr unter Beobachtung stand. Ich konnte nicht bleiben. Aber auch nicht weg. Ich war gefangen. Sogar mehr denn je. Ich wählte den einzigen Weg, den ich im Dunkeln finden konnte, weil ich nicht mehr im Stillstand verharren konnte und nicht mehr auf das Nichts warten konnte und hungerte. Um entweder am Ende wirklich gehen, sterben zu können oder aber, zutiefst unbewusst, auf meine destruktive Art und Weise meine Willenskraft zu trainieren, um endlich diese inneren Zwänge, die mich vom Leben abhielten, loszuwerden. Jene Zwänge, wie mich selbst zu hassen, egal, was ich dachte oder tat. Jene Zwänge, die mir bestimmte extrem negative Gefühle auferlegten, gegen die ich mich nicht wehren konnte. Jene Zwangsneurose, die es verhinderte, dass ich auch nur eine einzige Geschichte zu Papier bringen konnte, weil ich es im selben Moment zerreißen musste. Die mir somit meinen einzigen Traum, meine einzige Kraftquelle unzugänglich machte, das einzige, aus dem ich mir mein Werkzeug Lebenswillen hätte schmieden können: Das Schreiben.

Und genau deshalb glaube ich, kann ich das Leben wirklich lieben lernen:

Weil mir diese Welt hier unten trotz all meiner kranken Entscheidungen und meiner kranken, identitätslosen Psyche einen ganz besonderen, eigenen und vor allem gesunden Weg offengehalten hat. Der einzige Grund, warum ich ihn zuvor nicht finden konnte war der, das ich immer nur auf den schon da gewesenen und mir zur Verfügung gestellten Wegen gewandert war, die für mich einfach ins Nichts führten. Für mich war es wichtig, meinen eigenen Weg zu schaffen, auch wenn es bedeutete, querfeldein zu rennen. Es bedeutete mehr Kraft, mehr Mühe, denn es ist immer einfacher auf bereits vorgefertigten Pfaden zu wandeln, als seinen ganz eigenen zu erschaffen.

Und so hat mir diese Welt trotz aller Aussichtslosigkeit dennoch eine Möglichkeit bereitgestellt, sogar die größte und beste von allen: Das Umwandeln jeder noch so schrecklichen Tatsache und jedes noch so schrecklichen damit verbundenen Gefühls durch mich selbst. Eine Fähigkeit, die mir niemals mehr genommen werden kann. Außer natürlich, ich würde mich dazu entschließen, sie freiwillig wieder herzugeben. Psychologie ist in Wirklichkeit die Physik des Geistes, kein schwammiges Etwas. Sie beide folgen den gleichen Prinzipien und Regeln – die geistige sowie die körperliche Welt. Emotionen sind Energien, deren Richtung sich ändern lässt, man kann sie niemals auslöschen, nur umwandeln, oder aber eben auf etwas anderes richten, ein anderes Ziel zum Beispiel. Auch eine Persönlichkeit kann sich nicht komplett neu erfinden, man kann nicht einfach eines Tages aufwachen und beschließen jemand anderes zu sein, so wie auch ich es jahrelang versucht hatte. Sie kann sich nur wandeln und reifen, deshalb ist es so wichtig, dass wir Fehler begehen, dass wir alle prägenden Faktoren unserer eigenen Persönlichkeit finden, analysieren um sie dann willkürlich zu transformieren. Jeden einzelnen Faktor davon. Jedes einzelne Ereignis, welches ein Menschenleben beeinflussen kann, kann – vorausgesetzt man verfügt über ein entsprechendes Gedächtnis – so bildlich in die Hand genommen, gedreht und gewendet werden, bis man eine konstruktivere Seite findet, welche einem besser gefällt und die einem eine alternative Reaktion auf die vorangegangene Aktion, das Ereignis, erlaubt.

Auch hier spreche ich nicht von einer körperlichen Reaktion, die man heute sowieso nicht mehr ändern kann, da sie in der Vergangenheit stattgefunden hat. Es geht vielmehr um vergangene Gedankenmuster, die sich auch rückwirkend aufheben lassen. Eine alte Freundin, die zusammen mit mir die Schule besuchte, litt unter schlimmem Mobbing ihrer Mitschüler. Sie veränderte sich danach zum Schlechten, war extrem unsicher, nie mehr wirklich unbefangen und frei und wurde irgendwann vom Opfer zum Täter. In diesem Fall stellt das Mobbing die Aktion dar, die von Außen kam. Ihre Reaktion darauf war die Abwertung von sich selbst, ich konnte sehen, dass sie sich immerzu fragte: „Was stimmt nur mit mir nicht, sie würden das ja nicht machen, wenn ich in Ordnung wäre?“ Und diese neuen Gedankenmuster schleppte sie von da an mit sich herum, jedes Ereignis, das dieser Aktion folgte, wurde von ihrem neuen Denken beeinflusst. Bis sie schließlich die Schule wechselte und dann, aus Angst wieder zum Opfer zu werden, sich für die Täterseite entschied und anderen das antat, was ihr angetan wurde. Vor zwei Jahren dann traf ich sie zufällig wieder und stellte fast, dass diese eine Aktion ihre ganze Wahrnehmung, ihre ganze Persönlichkeit nachhaltig verändert hatte. Mittlerweile war sie sich dessen bewusst, aber sie wusste nicht wie sie es jetzt noch hätte ändern sollen und brach in Tränen aus.

Der alternative Ausgang dieser Aktion wäre der gewesen, dass sie sich als Reaktion gefragt hätte, was denn mit den anderen nicht stimmt, vielleicht, was ihnen Schlimmes zugestoßen ist. Warum sie sich selbst so schlecht und minderwertig fühlen. Denn absolut niemand, der mit sich selbst im Reinen und glücklich ist, hat es nötig andere mutwillig zu verletzen.

Sie hätte sich fragen können, was dies über die mobbenden Mitschüler aussagt, nicht aber über sich selbst. Vielleicht hätte sie dann sogar Mitleid mit ihnen, anstatt Selbsthass empfinden können. Oder aber sie hätte sich emotional gänzlich von ihnen und ihrem Verhalten abwenden können, war es doch ein Spiegel ihrer Selbst und nicht meine Freundin, die das Problem war. Sie hätte also die Energien, die ihr nach dieser Aktion zur Verfügung standen, nicht auf sich richten müssen, sondern auf die anderen. Physik eben. Hätte sie dies getan, wäre sie heute wahrscheinlich noch immer der fröhliche, unbefangene Mensch, den ich damals kannte, ihr ganzes Leben hätte anders verlaufen können. Sie hätte die Karriere als Flugbegleiterin anstreben können, die sie sich immer gewünscht hatte, sie war gerne unter Leuten. Nach diesen Vorfällen war sie es nicht mehr. Sie hätte nicht der misstrauische Mensch werden müssen, der nun unglücklich in einem Hinterzimmer eines grauen Bürokomplexes sitzt und neidvoll Postkarten ihrer eigenen Schwester sammelt, die alle Stationen ihrer eigenen Reisen als Flugbegleiterin festhalten. Sie hätte vielleicht nicht ihre erste große Jugendliebe mit ihrer extremen Eifersucht verscheuchen müssen, weil sie sich selbst so unansehnlich fand und einfach nicht glauben konnte, dass er sie lieben könnte, so wie sie ist. Ihr ganzes Leben hätte in anderen Bahnen verlaufen können, aufgrund einer einzigen Entscheidung, einer einzigen (gedanklichen) Reaktion.
Ihr seht also, eine Aktion, zwei alternative Ausgänge, die die Macht haben, ein Menschenleben, eine gesamte Persönlichkeit zu verändern. Physische Reaktionen lassen sich vielleicht nicht mehr rückgängig machen, physische Zeitreisen sind uns (noch) nicht möglich, aber geistige sind es sehr wohl. Ich kann absolut alles rückwirkend verändern, um mich so zu dem Menschen zu formen, der ich eigentlich war und sein wollte, schon allein durch diese Erkenntnis.
Ich meine, der Körper ist sowieso unwichtig, der Geist ist unsere Zukunft. Dem Körper sind Grenzen gesetzt, sogar dem unseres gesamten Planeten, nicht aber unserem Geist. Wir haben wahrlich die Macht unsere gesamte Welt zu verändern, indem wir uns ändern.
Unser menschlicher Verstand saugt jedes Detail unseres Werdegangs auf, nichts lässt uns wirklich unberührt. Der Apfel, in den wir bissen, als wir vier Jahre alt waren und der komische Blick unseres Nachbars, der uns dabei beobachtete und der bei uns Unwohlsein hervorrief. Der Lehrer in der zweiten Klasse, der uns vor allen anderen Kindern vorführte und uns sagte wir seien dumm und würden es nie zu etwas bringen. Der verregnete Tag unseres 20. Geburtstages, an dem wir erfuhren, dass der Krebs unseres Bruders weiter fortgeschritten war und wir kraftlos und voller Verzweiflung ein Stoßgebet an das große unbekannte Etwas im Himmel sendeten und ein bunter Vogel genau im richtigen Moment vorbeiflog und den grauen Himmel erhellte und wir dies als Zeichen der Hoffnung verstanden um dann mit zwar tränenverschmierten Augen, aber zuversichtlichem Lächeln jenen Bruder im Krankenhaus besuchten um

ihm neue Hoffnung zu schenken, mit den Worten: „Ich weiß du wirst es schaffen, ich weiß es einfach. Nicht einmal diese Nachricht lässt mich daran zweifeln, dass du den Krebs besiegen wirst.“ Und wir wirkten so ehrlich und so überzeugend, dass auch der Bruder neue Hoffnung schöpfte und vielleicht sogar am Ende wirklich, wie eine sich selbsterfüllende Prophezeiung, den Krebs ein für alle mal besiegte.
Jedes, wenn auch noch so kleine Ereignis in unserem Leben prägt uns und vermag es den Verlauf unserer gesamten Geschichte zu verändern. Ich glaube, wir müssen uns dessen erst wieder richtig bewusst werden.

Ich bin nun überzeugt, alles beisammen zu haben, das ich zum Überleben brauche. Und um endlich das Mensch-sein genießen zu können und um meine eigens erwählte Aufgabe hier unten zu bewältigen.

## 14.04.2011, 06.00 Uhr, Menschen

Menschen sind schlecht, niederträchtig, voller Fehler, heuchlerisch, schwach.
Genau deshalb sind wir Künstler. Weil wir möglicherweise zu etwas ganz und gar Erstaunlichem fähig sind, weil wir unsere Schatten integrieren könnten, weil wir den Gegensatz vereinen könnten und ihn so zu einem Ganzen machen könnten –
Menschen sind einzigartig, schöpferisch, zerstörerisch, eigentlich wunderschön und liebenswert. Die Natur hat dafür gesorgt, dass man uns einfach lieben muss, wie das hilflose Baby am Straßenrand, das bei jeder Frau, die an eben jenem vorbeiläuft, sofort Muttergefühle auslöst.
Mutter Natur liebt eben jedes ihrer Kinder gleichermaßen, und schon alleine dafür sollten wir ihr als Menschen (*kleine Monster*) wirklich dankbar sein.

## 14.04.2011, 16.00 Uhr, Klarheit

Gefühle sind stark, mächtig, sie können Schutz sein, sie können Waffen sein.
Gibst du dich ihnen vollends hin, so berauschen sie deine Sinne, durchfluten deinen Körper, sie vibrieren. Hast du aber Angst vor ihnen und ist die Furcht größer als die Neugierde, so wirst du vermutlich an ihnen ersticken, früher oder später.
Es gab sie, seltene Momente, in denen ich die geballte Kraft meiner Emotionen genoss. Aber jetzt erst weiß ich sie auch zu schätzen! Als würde man auf der Autobahn seinen Kopf aus dem fahrenden Auto halten, eiskalte Luft, die einem ins Gesicht peitscht, die es einem im ersten Moment unmöglich macht, zu atmen. Nur wegen ihnen darf ich Mensch sein.

Ich habe Träume.
Ich habe Visionen.
Ich bin wie ihr.
Nur ein bisschen extremer.

„Verrätst du mir deinen Namen?"

*... Ich habe keinen ...*

„Wieso?"

*... Weil man mir noch keinen gegeben hat, darum ...*

„Werde ich jemals dein wahres Gesicht sehen?"

*... Willst du es denn auch wirklich sehen?*

„So oft habe ich mir dich vorgestellt, ich möchte endlich Klarheit!"

*... Du hast mich überall gesucht, im Himmel, in der Hölle, auf der Erde, in Anderen – dabei wäre es so einfach gewesen. Du hättest nur in den Spiegel blicken müssen ...*

### 14.04.2011, 18.50 Uhr, Frei

Der Himmel malt mir ein ganzes Königreich.
Ich kann endlich wieder atmen, sehen. Soll ich es wagen?
Ich bin versucht zu sagen: „Ja".
Denn was ich jetzt sehe, wenn ich in den Himmel blicke, ist ein riesiger Adler aus Wolken, der seine kräftigen Schwingen über mir, der Welt, wie ich sie sehe und kenne, ausbreitet.
Seinen Schnabel weit aufgerissen, so als würde er markerschütternd schreien und sein Schrei könnte mit Sicherheit die Welt zum Beben bringen. Aber nicht aus Verzweiflung, sondern weil er frei ist. Ich kann fühlen, was er fühlen muss.
*Ich kann es ...*

Ich dachte mein ganzes Leben lang, es gäbe nichts, das mich glücklich machen könnte.
Die Geschichten in meinem Kopf waren alles was ich hatte und durch meinen unglaublichen Perfektionismus konnte ich keine davon jemals wirklich aufschreiben, geschweige denn sie zu Ende bringen. Weil ich die Seiten entweder herausreißen, zehnmal überschreiben oder irgendwie zerstören musste. Also gab ich es im Alter von 15 irgendwann auf, wie auch das Lesen generell. Es machte mich nur noch trauriger, die Geschichten der Anderen zu lesen, wissend dass ich meine eigenen niemals aufschreiben werden würde.
Der Verlust meines einzigen Traumes durch so etwas Dummes wie einen Zwang, war zu bitter, und so versuchte ich es nie wieder. Janes Kalender, dieser Kalender, war eine Art letzter Testlauf gewesen. Mein Grundgedanke war der, dass wenn es um Leben oder Tod ginge, sogar meine ganzen inneren Zwänge klein beigeben würden müssen. Und das taten sie. Und wenn ich sie nicht hätte besiegen können, dann wäre ich wenigstens kämpfend untergegangen.
Das war ich meinem Menschen-Ich schließlich schuldig.

Ich möchte ein Wortakrobat sein.
Akrobaten sind Künstler. Und in der Kunst ist, wie man weiß, alles erlaubt, sogar Menschen wie ich. Deshalb möchte ich mich einen Künstler nennen dürfen.
Nicht wie die Drahtseiltänzerin in 30 Metern Höhe, die ich einmal war. Mit dem bloßen Abgrund unter mir und hunderten von Schaulustigen, die nur darauf zu warten schienen, das ich mit meinem hübschen rosa Tutu hinabstürzte. Nicht die Drahtseiltänzerin, die dann gesagt hätte: *Schön und gut, ich tanze für euch, aber sollte ich fallen, dann aber auf euch!*
Eher wie ein Verwandlungskünstler. Ein Geschichtenerzähler. Ein Magier ... Ein Alchemist, der es vermag jeden Haufen Mist in pures Gold zu verwandeln.

Ich will Momente kreieren,
das, was ich am besten kann.

Ich will verzaubern,
funkelnde Magie in jeder Faser, jedem Wort.

Ich will aufwecken,
jeden einzelnen noch schlafenden Geist.

Ich will alles,
am besten viel zu viel davon.

Den Dingen um mich herum habe ich einen Namen gegeben, einen Sinn. Sobald neue dazukommen, entsteht ein neues Wort in meinen Gedanken. Nur ich selbst war bisher noch namenlos. Aber die Dinge ändern sich, wenn man sie denn lässt.

Ich will gar nicht gefestigt sein, steif und unbeweglich!
Ich will offen und formbar bleiben wie ein Kind, neugierig und größenwahnsinnig, naiv und unbeholfen, ich will mal hier, mal da sein, mal leise, mal laut sein. Ich will Schwachsinn reden, ich will Blut lecken, ich will auf die Schnauze fallen – nur nicht mehr ganz so hart vielleicht.
Ich will meinen eigenen Herzschlag hören und fühlen.

Ich will so sein dürfen, wie ich bin und ihr werdet sehen, ich werde keiner Fliege etwas zuleide tun und nicht mehr durch euren sorgfältig angelegten Rosengarten trampeln! Vielleicht werde ich sogar meinen eigenen anlegen! Damit ihr euch dann daran erfreuen könnt.

Ich kann selbst kaum glauben, wie ich mich fühle. So befreit. Ich wusste nicht mehr, wie sich das anfühlt, ganz zu Schweigen von der Tatsache, dass ich niemals damit gerechnet hätte, doch noch anzukommen. Bei mir selbst.
Meine Gefühle, mich selbst, habe ich eigenständig und restlos transformiert. Und was alle Zukünftigen angeht, ich verstehe sie nun und weiß, meine neue Fertigkeit anzuwenden.
Ja, sicher, bei all der ungebremsten Euphorie darf ich nicht vergessen, dass ich zwar angekommen bin, aber „nur" an der Startlinie. Dennoch, ich fühle mich vollständig. Und so habe ich mich seit meinen Kleinkindtagen nicht mehr gefühlt. Nicht einmal für eine einzige Minute. Dieses Gefühl vollständig zu sein ist echt, so echt und strahlend hell, dass es all die Dunkelheit, die mich bisher begleitete, in sich verschluckt und zu noch mehr Licht umwandelt.

Ich will Geschichte(n) schreiben.

Geschichten waren mein Licht.
Und falls mir irgendwann keine mehr einfallen sollten, lasse ich sie einfach das Leben schreiben. So wie diese hier.

## *16.04.2011, 09.27 Uhr, Mein Name*

Mein Name ist Jane J. Riley, geboren am 16. April um 9.27 Uhr.
Endlich fühlt es sich richtig an, was ich mache. Endlich fühle ich mich richtig.
Der Weg, den ich jetzt gehe, ist definitiv meiner. Und es gibt tausende Sachen, für die es sich lohnt zu leben. Für hunderte von Geschichten zum Beispiel, die nur darauf warten, erzählt zu werden. Möglicherweise von mir.
Ich bin nicht alleine hier. Ihr seid bei mir.
Wir waren isoliert, in unseren Köpfen gefangen, die scheinbar einsamsten Wesen dieser Erde.
Jetzt sind die Gedanken und Gefühle endlich frei. Und wir mit ihnen. Für immer.

# Janes Herz

### *17.04.2011, 20.03 Uhr, Letzter Eintrag*

Ich liege auf dem Rücken. Meine Matratze befindet sich jetzt direkt unter meinem (Schau-)Fenster. Meine Augen sind geschlossen. Draußen wird es immer dunkler, aber Zeit spielt gerade keine Rolle für mich, ist nicht existent. Ganz still liege ich da, eine Hand mit nach oben gedrehter Handfläche neben meinem Kopf, die andere ruht auf meinem Bauch. Die langen Haare wie ein Fächer über meinem Kopf ausgebreitet. Mein Körper – scheinbar leblos. Mein Geist ist es nicht. Ich wünschte so sehr, ihr könntet fühlen, was ich gerade fühle. Es ist großartig. Ich falle in mir, ich treibe, versinke. Alles was ich fühle ist diese pulsierende, elektrisierende Kraft, die alles um mich herum aufzulösen scheint.

Je länger ich daliege, desto mehr verschwimmt mein Zeit-Raum-Gefühl, je näher ich dem Kern dieser Kraft, dieser Stärke, komme, desto weniger spüre ich meinen Körper. Ich falle weiter und weiter, falle bis zum Anfang, dem Anfang von allem. Diese Stärke wohnt in mir. Ich bin diese Stärke. Meine ganzen Ängste und Zweifel sind nichts dagegen.

Die pulsierende, elektrisierende, Kraft ist mein Herz und es schlägt, kräftiger denn je.

### *14.04.2011, 19.45 Uhr, Mein Talent*

„Ich glaube, ich bin wieder da."

... *Warst du denn je fort?*

„Ja, ich hatte mich verirrt, war verschollen, jahrzehntelang, irgendwo auf hoher See."

... *Hat dich endlich ein Rettungsboot gefunden?*

„Nein, ich habe gelernt zu schwimmen. Und festgestellt, dass ich ein ganz besonderes Talent besitze: Ich kann auch unter Wasser atmen."

## Janes Gefühlswelt als vollständiger Mensch

***Die lang ersehnte äußere Wandlung, welche sich aus der inneren ergab – gewonnen aus einem von Janes vier nun ordentlich beschrifteten Taschenkalendern***

Ich habe diese (Gefühls-)Welt endlich verstanden. Und wenn einem etwas einleuchtet, dann kann man gar nicht anders, außer richtig zu handeln.
Meine ganzen Psychopharmaka, die zwei unterschiedlichen Antidepressiva und gelegentlichen Beruhigungsmittel und meine anderen „Tricks" habe ich kurz nach meinem letzten Eintrag in Janes Kalender aufgegeben. Alle auf einmal. Das war vor zwei Jahren. Mir könnte es nicht besser gehen, ich könnte nicht ausgeglichener sein. Nicht der wahrscheinlich gesündeste Weg – ohne ärztliche Aufsicht einen kalten Entzug durchzuführen – aber mich konnte nun nichts mehr bremsen. Nicht einmal die dreimonatige, extreme morgendliche Übelkeit oder die Schlafstörungen und extremen Panikattacken, die mich kurz darauf mit dreifacher Wucht heimsuchten, weil ich sie durch die Medikamente jahrelang unterdrückt hatte. Ich verstand sie und war endlich in der Lage, sie mit Nachsicht und Bedacht von Weitem zu betrachten, solange bis sie gänzlich verschwanden. Nichts konnte mich mehr von meinem richtigen Weg abbringen. Ich war nicht mehr meine Angst, meine Scham, mein Leid. Ich stehe jetzt über diesen Gefühlen.
Ich habe mein isoliertes und selbst geschaffenes Versteck vollständig aufgegeben, um befreit hinaus in die Welt zu ziehen. Ohne Angst. Ohne Sozialphobie.

*Wenn nicht jetzt, wann denn dann? Ich muss auf nichts und niemanden mehr warten.*

Nicht nur, dass ich mich zum ersten Mal unbeschwert vor meine eigene Haustüre traute, ich ging noch viel weiter und verließ gleich für ein Jahr das eigene Land, genauer gesagt den Kontinent. Es war wie ein Test, um zu sehen, ob diese innere Wandlung auch real war. Sie war es. Denn ich bin jetzt in der Welt zuhause.
Mit dem Finden meines eigenen Ichs habe ich auch andere verwandte Seelen gefunden. Menschenseelen. Seelenfreunde. Ich würde sie nie wieder missen wollen.
Ich bin jetzt gerne unter Menschen.
Ich habe einen Hundewelpen adoptiert, der wie sich später herausstellte (ironischerweise) verhaltensgestört und extrem ängstlich war. Er hat sich regelmäßig aus Angst vor Menschen und Bestrafung selbst bepinkelt. Ich habe ihn aufgenommen und mit ihm die alleinige Verantwortung, mich um ein anderes, lebendes Wesen zu kümmern, es zu prägen, ihm zu geben, was es braucht. Ich glaube ich habe es richtig gemacht. Denn jetzt ist er absolut stubenrein, ausgeglichen, wohlerzogen und vor allem einer

der glücklichsten und selbstbewusstesten Hunde-Wesen, die ich kenne. Mein wahres Ich weiß schließlich was jedes Lebewesen braucht, um gesund und glücklich heranzuwachsen.
Ich kann endlich all die Geschichten in meinem Kopf aufschreiben. Meine Bilder zu Ende malen. Die fantastischen Welten in meinem Kopf benutze ich nicht mehr als Versteck, ich nutze sie als Schauplatz für meine Geschichten, die ich teilen möchte und irgendwann auch werde. Ich habe keine Angst mehr davor. Mein innerer Zwang alles zu zerstören, das ich kreierte, ist verschwunden. Ich hatte mir schließlich selbst bewiesen, dass ich es konnte, wenn ich es nur stark genug wollte. Oder aber nicht an das eigentliche Ziel dachte und so dem Zwang, beziehungsweise mir selbst, jeglichen Druck nahm.
Ich kann noch genauso enttäuscht werden, traurig sein, manchmal verzweifeln, scheitern und fallen wie zuvor, aber wenn ich falle, dann nicht mehr ins Bodenlose, sondern immer nur wieder auf mich selbst zurück, mein wahres Ich.
All die Schatten und der Mond, die dunkle Seite dieser Welt, faszinieren mich noch immer zutiefst, weiß ich doch, dass ohne sie das Licht gar nicht erst existieren kann. Allerdings lassen sie mich jetzt nicht mehr vergessen wer ich wirklich bin.
Die Vergänglichkeit einer jeden Sache habe ich akzeptiert und ich schaue den Momenten gerne beim Vorbeiziehen zu. Denn nichts auf dieser Welt ist wirklich sicher oder für die Ewigkeit gemacht, außer meiner unsterblichen Seele.

***Danksagung***

*Danke ihr Geschichtenerzähler dieser Welt.*
*Ich will, dass die Welt ein Ort voller Wunder bleibt.*
*Wunder, von denen ich als Kind so oft gelesen und geträumt habe.*
*Wunder, die ich real machen möchte, mögen sie auch noch so klein sein, oder aber nur aus ein bisschen Papier und schwarzer Tinte bestehen – ich will Magie daraus machen.*
*Denn sie sind der Klebstoff, der meinen Geist mit meinem Körper verbindet, sie sind das, was mich zusammenhält, das womöglich einzige, was mich überhaupt hier halten kann.*
*Ich möchte sie euch schenken.*
*Vielleicht machen sie euch traurig, vielleicht machen sie euch glücklich, vielleicht werden sie euer Freund, sind für euch da, sowie tausende Geschichten für mich da waren, jahrelang.*

*Ich danke allen großartigen Geschichtenerzählern und Sammlern dieser Welt aufrichtig.*
*Eure Werke waren oft das einzige, das mir Halt schenken konnte.*
*Ihr wisst es vielleicht nicht, aber ihr habt wahrlich die Macht, Menschenleben zu retten.*

Christa Windmüller
**Instabil**

– Roman über eine
Liebe, Co-Abhängigkeit
und Borderline –

104 Seiten, broschiert
ISBN 978-3-939586-20-3

Eine Frau begegnet zufällig einem Mann. Er wirkt distanziert, regelrecht unnahbar. Trotz seiner schwarzen Kleidung und seines dunklen Auftretens, weckt er ihr Interesse. Von diesem Anderssein fasziniert, hinterfragt sie ihn und lässt sich auf ihn ein. Aus einer Freundschaft entwickelt sich eine Liebesbeziehung, die schließlich zur Zerreißprobe wird: Er setzt sie unter Druck, sobald sie eigene Weg geht, oder droht, sich umzubringen, wenn sie nicht für ihn da ist – doch sie hält an ihm fest.

Er ist Borderliner und sie co-abhängig.

Christa Windmüller erzählt in ihrem Roman von zwei Liebenden, die weder mit- noch ohne einander leben können. Die Autorin gewährt den authentischen Einblick in eine von Angst, Depression, Selbstverletzung und emotionaler Abhängigkeit bestimmte Welt.

**Lieferbar über den Buchhandel oder direkt beim Verlag**
**www.starks-sture-verlag.de**